PETITES HISTOIRES

DU CANTON

D'AUDRUICQ,

Par H. PIERS,

DE SAINT-OMER.

«Est-il un homme dont l'âme soit assez
insensible pour ne s'être jamais dit : Voici
ma patrie, ma terre natale ! »
WALTER-SCOTT.

AIRE.

IMPRIMERIE DE POULAIN, RUE D'ARRAS.

1843.

AUDRUICQ.

« Il n'est pas un seul fibre en mon cœur plein d'amour
« Qui ne s'attache aux lieux où j'ai reçu le jour. »
Poésie de PHILIPPE-AUGUSTE.

§. 1.er — Origine.

La ville d'Audruicq, capitale de l'ancien pays de Brédenardo, est située sous le 19.e degré 42 minutes de longitude occidentale et le 50.e degré 52 minutes de latitude septentrionale.

Aldroricum, Haudruick, Auderwick, Audrwic, Audruich, Odruick, Auderruich, Onderwyck, Audruicq, Audruicq, Audruick (ou cq), bourg d'Audry, d'après Harbaville (1). — Telles sont les diverses dénominations de ce lieu, situé à vingt-cinq kilomètres nord-ouest de Saint-Omer, dans une plaine fertile et agréable.

Il est difficile d'assigner d'une manière certaine les premiers événements qui font connaître le nom d'Audruicq ; nous ne pouvons que répéter envers cette localité, comme à l'égard de bien d'autres : « Rarement une pure lumière éclaire les origines. » Lorsqu'on en veut retracer le tableau complet, on ne peut le faire qu'avec incertitude. — La vérité qu'on nous demande, s'écriait Racine, est bien plus difficile à trouver qu'à écrire.

Cependant dans le neuvième siècle, l'histoire d'Audruicq commence à recevoir quelques rayons de lumière ; il faut presque toujours remonter dans notre histoire locale à

---

(1) Audruicq vient aussi du mot flamand *ander*, autre, *wix*, refuge. L'autre refuge.

cette date de 863, caractéristique de la réunion de l'Artois à la Flandre, et l'origine de cette ville provient à ce qu'il paraît d'un château fort, aux environs duquel on construisit successivement des maisons, qui formèrent insensiblement une cité.

On n'ignore pas d'ailleurs qu'en général les agglomérations qui se formèrent autour des châteaux, produisirent à la longue de grands bourgs ou de petites villes.

Cette forteresse fut bâtie sans doute sous Baudouin Bras-de-Fer, après l'érection héréditaire du comté de Flandre par Charles-le-Chauve; elle pouvait protéger le pays contre les incursions fréquentes des pirates du Nord qui, sur de frêles embarcations, s'enfonçaient hardiment dans cette espèce de plaine marécageuse et en désolaient quelquefois les pauvres habitans. Dans le siècle suivant, Arnould-le-Vieux, comte de Flandre, fit présent de la terre de Brédenarde au comte de Guisnes; elle resta long-temps sous la domination suzeraine des successeurs de ce prince.

Le château d'Audruicq, à l'extrémité de la place, vers le nord, a été long-temps le plus considérable de la terre de Brédenarde, après celui de *la Montoire*, d'origine romaine; en temps de guerre, ces châteaux forts étaient le refuge des campagnes voisines. Celui d'Audruicq, depuis sa fondation qui remonte à dix siècles, a essuyé diverses vicissitudes; il subsiste encore; d'antiques souvenirs honorent son existence. Dans les premiers siècles de son établissement et dans les guerres du moyen-âge, il a été le théâtre de nombreux exploits; naguère des ruines d'un nouveau genre le menaçaient instamment. Vainement mise aux enchères publiques, cette belle maison de plaisance, flanquée d'une antique tourelle, restaurée une vingtaine d'années avant la révolution, attend encore aujourd'hui, dans ces heureux moments de tranquillité générale, que le génie agricole lui rende, sous d'autres rapports, sa splendeur éclipsée et soutienne sa tour chancelante.

§. 2. — Événements historiques.

Vers le milieu du douzième siècle, après la mort de Manassès, sixième comte de Guisnes, qui ne laissait pas de descendance mâle, sa succession ne tarda pas à échoir à Arnould de Gand, son neveu. Béatrix, son héritière, mariée successivement à un seigneur anglais, qui s'en sépara après le message de Berwin, prêtre de l'église de Saint-Omer, et à Baudouin d'Ardres, était décédée sans enfant. Arnould de Gand, pour s'assurer la possession certaine de ses nouveaux domaines, s'empressa judicieusement de contracter une alliance étroite avec Guillaume I.er, châtelain de Saint-Omer ; il épousa Mahaut, sa fille aînée, et ses beaux-frères contribuèrent puissamment à le rendre entièrement maître du riche comté de Guisnes.

Une violente inimitié séparait depuis long-temps les maisons de Guisnes et d'Ardres. Cependant, en cette circonstance, les notables de cette dernière famille vinrent se ranger sous les bannières d'Arnould de Gand et lui prêter serment de fidélité. Un seul baron ne suivit pas cet exemple, c'était Arnould de Hames, auquel le premier mari de Béatrix avait laissé le gouvernement et la défense de ce lieu. Ce seigneur, dit Duchesne, à la nouvelle de la prise de Guisnes par Arnould de Gand, s'était retiré promptement dans le château d'Audruicq ; il ne tarda pas y être joint par Henri, châtelain de Bourbourg, lequel vint se jeter dans cette place avec un grand nombre de gens de guerre. Le siège du château d'Audruicq fut alors résolu par le comte de Guisnes. L'an 1150, il partit d'Ardres avec une escorte nombreuse, accompagné de Baudouin, seigneur de cette ville, du châtelain de Saint-Omer, et de divers autres parents et amis. Arnould de Gand était un guerrier plein de valeur et de générosité ; c'était en considération de ses qualités personnelles qu'il avait obtenu de son oncle Manassès, dont il était chéri, la possession de la seigneurie de Tournehem.

Il se présenta avec assurance devant la forteresse défendue par un vassal rebelle, et le somma de reconnaître son autorité. Ses sommations, ses avertissements furent dédaignés ; il fallut recourir à la voie des armes. Les assiégés soutinrent vigoureusement les premiers assauts, Arnould de Hames et le châtelain de Bourbourg les animaient par leurs courageuses exhortations et leurs intrépides exemples. Sans se rebuter, le comte de Guisnes fortifia la tour de l'église paroissiale qui était alors située sur la place ; ce qui lui donna la facilité de battre vivement le donjon, selon l'usage du temps, avec tout l'avantage que lui procurait cette position. Cette manœuvre déconcerta tellement les factieux que, craignant d'être forcés, ils se retirèrent pendant la nuit à Bourbourg et abandonnèrent le château à leurs adversaires. Arnould de Gand pourvut ensuite cette forteresse d'une garnison convenable et se vit possesseur de tout le pays de Guisnes, à l'exception du fameux château d'*Omerval*, surnommé *la Fleur*, parce qu'après sa sortie d'Audruicq le châtelain Henri s'y était renfermé avec l'élite de ses plus braves soldats. Il s'était même flatté de parvenir, au moyen de cette retraite, à subjuguer tout le Brédenarde. Mais Arnould de Gand n'ayant pas tardé à convoquer à Audruicq même ses principaux hommes d'armes, se dirigea avec promptitude sur le château d'Omerval, que son ennemi délaissa encore à son approche, le démolit de fond en comble, et en fit transporter les matériaux à Audruicq. — D'après les anciennes cartes de Wisher, ce château était situé à peu près au centre de l'espace triangulaire existant entre les forts *Rebut*, d'Hénuin et d'Audruicq.

Arnould de Gand mourut quelques années après en Angleterre. Lambert d'Ardres *l'honore du titre de très-vaillant chevalier entre tous les chevaliers de son siècle.*

Baudouin II, son fils, régna ensuite sur le comté de Guisnes. Lorsqu'il eut atteint l'âge requis, il eut l'insigne honneur d'être armé chevalier de la main de l'illustre Thomas, archevêque de Cantorbéry. Digne d'être admis dans la noble confrerie de la Gloire, Baudouin, dans les jours d'exil de ce saint personnage, lui témoigna un empressement délicat et reconnaissant.

Baudouin II conclut diverses affaires importantes avec l'abbaye d'Andres; il se trouvait à Audruicq, avec toute sa cour, lors de la signature des lettres-patentes qu'il fit publier à cet effet. Il affectionnait ce lieu.

C'est avec raison que l'on a observé que ce comte était le véritable fondateur d'Audruicq. Il l'érigea en ville en 1175, et essaya d'en faire une place forte. Alors, il la fit entourer de doubles fossés avec une terrasse au milieu, bâtit près le plus bas boulevard une chapelle en l'honneur de saint Nicolas, origine de l'église actuelle, et dessécha les marais voisins avec tant d'industrie et de succès qu'il les convertit en terres labourables. Il fit aussi rétablir le château excessivement endommagé par le siege entrepris par son père. Ces importants travaux restèrent toutefois inachevés.

La ville d'Audruicq, qui avait pour suzerain le comte de Flandre, subit, dans les diverses révolutions que la ville de Saint-Omer eut à supporter sous le règne de Philippe-Auguste, à peu près le même sort que cette cité; les seigneurs de Guisnes relevant directement des comtes de Flandre lors de la cession de l'Artois par Philippe d'Alsace à son royal ami, l'hommage d'Audruicq fut également donné à la France avec ce démembrement de la Flandre. Après la mort de ce prince en Palestine, le monarque français vint prendre possession de la riche dot que lui avait apportée Isabelle de Hainaut, réversible à l'héritier présomptif de sa couronne. Le jugement arbitral d'Arras, du mois d'octobre 1191, lui ayant confirmé cette riche donation, dans laquelle figuraient les hommages de Guisnes et d'Ardres, le pays de Brédenarde se vit à cette époque sous la domination immédiate de la France. Vély répète à l'occasion de cette transmission de l'Artois et de ses dépendances, que, « telle est l'origine des haines et des guerres opiniâtres des Flamands contre les Français. » Audruicq en souffrit les influences inévitables pendant plus d'un siècle. Ainsi que St.-Omer, son état fut très-précaire au commencement du treizième siècle. Philippe-Auguste pour se retirer de la position dangereuse où l'avait jeté, dans des lieux fangeux, une marche imprudente, ayant été forcé de remettre à Baudouin IX les villes d'Aire et de Saint-Omer, il fut en outre convenu dans une conférence tenue à Péronne, en février 1200, que les fiefs de Guisnes et d'Ardres seraient également rendus à ce comte de Flandre. Voilà donc les habitans d'Audruicq redevenus Flamands, mais ce ne fut que pour quelques années.

Baudouin II, comte de Guisnes, était très-attaché à son suzerain primitif, le comte de Flandre. Lors du siège de Saint-Omer, entrepris par ce dernier en 1198, la prise de cette place forte et vaillamment défendue fut attribuée spécialement aux ingénieuses dispositions de ce seigneur et au courage des braves soldats du Brédenarde. Sa conduite pacifique contribua ensuite efficacement à rétablir la tranquillité dans la ville conquise. Hennebert cite un manuscrit où l'on voit cette assertion curieuse : « Baudouin, comte de Guisnes, refusa l'*hommage* à Philippe-Auguste : ce roi se saisit de cette terre et de celle d'Ardres, fit prisonnier son vassal rebelle, et ne le relâcha qu'en 1204. » Effectivement, le roi de France, étant descendu dans le pays de Guisnes, dont il s'empara facilement, le retint sous le joug militaire jusqu'à ce que le comte Baudouin, pour satisfaire à sa majesté offensée, vint se constituer prisonnier en personne avec deux de ses fils. Cette catastrophe n'est arrivée certainement qu'au commencement du treizième siècle, et n'a pu avoir pour motif qu'un ressentiment particulier, puisque le traité de Péronne dégageait le comte de Guisnes de toute soumission directe au roi de France. C'est peut-être au souvenir de la prise de Saint-Omer que ce dernier, qui en avait été vivement affecté, se laissa entraîner à cet acte de vengeance déplacée. Philippe-Auguste toutefois était un prince vivement épris de l'amour de la gloire; il aurait dû pardonner à celle d'un adversaire si éloigné de l'éclat de son diadème, malgré ses vaines tentatives pour le séduire; « Toutes les gloires d'ailleurs sont solidaires, et » toutes les vertus ne doivent-elles pas se comprendre? » « L'on ne sait point au vrai, dit Duchesne, combien de » temps il demeura captif. Mais les peines et les fatigues » de la prison le jetèrent dans une langueur mortelle, à » laquelle il succomba le 2 janvier 1205. » Assurément, ce seigneur était doué de profondes connaissances philosophiques, mais toute la philosophie du monde peut-elle nous consoler de la perte de notre liberté? Selon Lambert d'Ardres, il s'était adonné grandement à l'amour des dames « qui fut le seul défaut que les ennemis de ses vertus et » perfections purent jamais lui objecter. » L'incertitude du sort de ses nombreux enfans contribua, sans doute, à le précipiter au tombeau. Jadis il avait été au nombre des principaux chevaliers qui, dans le pèlerinage de Louis-le-Jeune à Saint-Thomas de Cantorbéry, avaient invoqué ardemment le ciel pour la conservation des jours menacés de celui dont la colère irréfléchie contribua plus tard à abréger les siens. Nous désirons si souvent ce qui par les jeux bizarres de la fortune devient précisément la cause de notre perte. Remarquons ici que Philippe-Auguste traversa très-probablement la terre de Bredenarde, dans sa direction sur Guisnes.

Arnould II, fils aîné de Baudouin II, pendant le gouvernement de son père, l'avait accompagné diverses fois à Audruicq et avait pris également cette ville en affection. Il avait de nouveau fait fortifier le château à la fin du douzième siècle.

L'hommage d'Audruicq fut de rechef soustrait à la domination flamande, lors du mariage de Ferrand de Portugal, et le traité du Pont-à-Vendin du 24 février 1211 restitua aux bourgeois du Brédenarde la qualité de Français. En furent-ils satisfaits ou mécontens? Ou, la nécessité les rendant indifférens, dans cette bascule de pouvoirs opposés que la même génération voyait apparaître et s'évanouir, crièrent-ils tour à tour, comme tant d'autres dans tous les siècles : « Vive la France ! Vive la Flandre ! » Cela est vraisemblable.

L'insouciance, fille d'une acerbe nécessité, est souvent le meilleur bouclier des petits contre les discordes ou les sottises des grands. Néanmoins l'esprit flamand se conserva indubitablement très-long-temps dans la terre de Brédenarde, puisque l'on prétend, sans preuve au reste, qu'il n'y a guère plus d'un siècle que l'idiôme de cette nation était encore le langage des habitans d'Audruicq, et que les curés de ce canton étaient tenus même à prêcher dans ce jargon. C'était au surplus une mesure utile : les moyens de propager les salutaires maximes de l'Evangile ne sauraient jamais être trop multipliés.

Le pays de Brédenarde fut ravagé à la fin de 1213 et au commencement de l'année suivante, par les Flamands et les Anglais réunis, et commandés par Ferrand de Portugal et Renaud, comte de Boulogne ; mais la complète victoire de Bouvines assura à jamais à Philippe-Auguste la possession de la cité d'Audruicq et de ses environs.

Le Brédenarde fut encore dévasté par Jeans-sans-Terre dans les dernières années de son règne.

Ferrand de Portugal pénétra de nouveau dans le Brédenarde en 1227 avec des intentions hostiles, mais il changea bientôt de résolution et se retira.

Arnould III, prisonnier en Zélande, fut contraint pour acquitter sa rançon d'emprunter sur ses domaines, et entr'autres sur ceux d'Audruicq et du Brédenarde, une somme énorme que les uns fixent à 20,720 livres parisis, les autres seulement à 8,700 ; établissant pour son remboursement des rentes viagères sur ses propriétés.

En août 1257, ce comte devint l'arbitre des différends qui s'étaient élevés à l'occasion de leurs marais, entre les habitans d'Ardres et d'Audruicq.

Les chroniques rapportent qu'il se distingua aussi par ses libéralités pieuses, et qu'il octroya pour *vin et hosties à chanter messe* une rente de quarante sols parisis à l'église de Clairmarais, assignée sur son tonlieu d'Audruicq.

A l'époque de l'érection du comté d'Artois, le comte de Guisnes avait fait à Robert I.er plusieurs hommages liges pour ses divers domaines féodaux, parmi lesquels se trouvait le pays de Brédenarde. — En mai 1249, Arnould III avait rendu le même hommage au comte d'Artois, pour toutes ses possessions de cette mouvance. — Malgré les aliénations de ce seigneur, il parait que la terre de Brédenarde resta soumise au comte de Guisnes, vassal du comte d'Artois. — Les moulins du Brédenarde n'avaient pas été compris dans la cession de ses domaines ; cependant en 1293, on accorda à Baudouin IV, son fils, la restitution de 95 livres pour chaque année que le comte d'Artois avait joui de ces moulins.

Jean II ayant fait exécuter comme coupable de lèze-majesté Raoul III, connétable de Nesle, dernier comte de Guisnes, le bailli, titulaire de Calais, ne tarda pas à recevoir l'ordre de prendre possession, au nom du Roi de France, des domaines du condamné. En conséquence, Audrnicq se trouva alors sous l'autorité immédiate des Valois.

Bientôt les Anglais, possesseurs du Calaisis, firent une irruption dans le pays de Brédenarde, et s'emparèrent en 1352 de la ville d'Audruicq. Baudouin II avait voulu, comme on sait, en faire une place forte vers la fin du douzième siècle ; mais il n'avait pu terminer ce grand ouvrage, et ses fortifications, toujours restées imparfaites, ne purent résister que faiblement à l'attaque de l'ennemi. On croit que les Français y rentrèrent peu de temps après. — Les Anglais s'étendirent alors dans ce territoire, s'y augmentèrent en nombre et unirent une partie du comté de Guisnes au gouvernement de Calais. La fortune ayant trahi cruellement la valeur du roi Jean dans les champs de Poitiers, les suites fâcheuses de sa captivité changèrent encore une fois les destinées du Brédenarde. — Par le honteux traité de Brétigny, ratifié à Calais le 24 octobre 1360, Audruicq fut soumis à la domination anglaise. Triste effet des circonstances et du sort de la guerre !

En 1377, Philippe-le-Hardi se présenta devant la forteresse d'Audruicq, secondé par le maréchal de Blainville. Froissart dit que « le chastel était sur une motte environnée » d'eau et de fossés bien profonds qui n'étaient mie légers » à passer. » Les trois frères de Maulevrier d'Angleterre défendirent bravement ce châte... pendant trois jours, mais ne pouvant résister plus long... ps à l'artillerie française, ils furent réduits à capituler. Le duc de Bourgogne y laissa une forte garnison. — En 1396, lors de l'entrevue du roi de France avec Richard II, entre Ardres et Guisnes, le duc de Bretagne alla prendre son logement dans le château d'Audruicq, qui était alors assez fortifié, et encore l'une des quatre châtellenies du comté de Guisnes.

Au commencement du quinzième siècle, les Anglais firent une incursion dans le Brédenarde, soumis alors à l'autorité des Valois. — Le voisinage de ces insulaires avait laissé « cheoir ce pays en ruine et désolation; » et par lettres de décembre 1415, Charles VI en prescrivit la réunion au domaine de la couronne.

En vertu du traité d'Arras, en 1435, Philippe-le-Bon se mit en possession de la châtellenie d'Audruicq, que le roi d'Angleterre avait vainement donnée en apanage à l'un de ses fils. Elle fut encore ravagée par les Anglais, en 1436, lorsque le duc de Bourgogne fut obligé d'abandonner son entreprise sur Calais, et pendant le cruel retour du duc de Glocester, dont l'armée, après avoir saccagé les environs de Saint-Omer, regagnait furieuse et battue les bords de l'Océan.

On croit que malgré le traité de Conflans le pays de Brédenarde resta, en 1465, à la disposition de Louis XI. Cependant l'archiduc Maximilien donna à Francfort, le 17 juillet 1513, à Guillaume de Croï, sa vie durant et avec retour au prince, les seigneuries d'Audruicq et de Brédenarde, et celui-ci étant decédé, Charles-Quint nomma, le 8 juin 1521, Antoine de Fretin au gouvernement d'Audruicq. — En 1477, les Français « entrèrent au pays de Brédenarde et le pillèrent et mirent en proie, là où ils prindrent tant de gens et de bétail que sans nombre. » Il est à croire qu'Audruicq fut pris et rendu par Henri VII pendant sa courte invasion de 1492.

Henri VIII, se rendant au siége de Thérouanne, cotoya le Brédenarde. Les Français occasionnèrent alors de grands dommages dans ce canton.

Le sort contraire des armes ayant fait pâlir la fortune du roi de France dans les champs funestes de Pavie, obligea François Ier à signer la dure paix de Cambrai, en 1529. Alors la souveraineté de la Flandre et de l'Artois, fiefs de la couronne, et dont l'hommage dès 1516 avait été refusé par Charles-Quint, fut accordée à ce monarque ambitieux. *Audruicq* fit partie de cette cession. — Par le traité de Crespy en 1544, François Ier avait dû réserver de nouveau à Charles-Quint Audruicq et le pays de Brédenarde.

Peu après la rupture de la paix avec l'Espagne, les Français avaient investi Audruicq, avec la résolution de l'attaquer immédiatement. Voici sur cet événement les détails que donne Hendricq:

« Le mercredi 10 mai 1595, les Français étant devant le château d'Audruicq, le prirent par composition, permettant aux soldats de se retirer avec paiement d'un mois de gages, comme il se pratiquait pendant ces guerres envers les gens armés de l'un et l'autre parti ; quant aux paysans, ils furent mis à rançon ; puis les vainqueurs allèrent piller le quartier de Flandre qui est entre la rivière aux environs de Bourbourg. »

Dans l'histoire des grands-baillis de Saint-Omer, nous trouvons qu'Eustache de Croï, cinquante-huitième gouverneur, seigneur de Rumiughem, signala sa valeur dans le pays de Brédenarde. De son temps, à ce qu'il paraît, notre cité était fort troublée par des esprits séditieux, animés par les intrigues du prince d'Orange, « lesquels » prirent le nom de patriotes, comme *voulant dire* les dé- » fenseurs de la patrie, mais qui ne bûtaient pas moins » qu'à la perdre.... » (Comme l'histoire a ses tentations!) Après l'entreprise infructueuse de Henri IV, Eustache de Croï ravagea, au commencement de 1595, l'Ardresis et le Calaisis, et reçut en récompense, de Philippe II, les gouvernements et bailliages de Tournehem, d'Audruicq et pays de Brédenarde.

Cependant Calais venait de retomber au pouvoir des ennemis de la France ; *Ardres* capitula à son tour le 23 mai 1596, et *Audruicq* se soumit également au cardinal Albert.

Après la reprise d'Audruicq par l'archiduc, les troupes du Béarnais avaient fait quelques efforts pour s'en emparer dans les tentatives continuelles de ce prince sur l'Artois ; mais la paix de Vervins qui rendit les villes de la Picardie à la France, par un brillant *coup de plume* de son brave Roi, plaça définitivement les habitants d'*Audruicq* sous la domination espagnole. — Audruicq ne nous fut pas alors rendu comme les cités voisines.

Le cardinal de Richelieu, malgré sa profonde politique, n'ayant pu parvenir à décider les peuples des Pays-Bas catholiques à secouer le joug oppresseur des Espagnols et à se déclarer pour la cause sacrée de la liberté, avait envoyé un héraut d'armes à Bruxelles pour déclarer solennellement la guerre à l'Espagne. Il comptait bien de s'emparer de la Flandre et de l'Artois, mais cette guerre dura vingt-cinq ans et coûta d'immenses trésors à la France. Avant même le commencement des hostilités, la garnison d'Ardres était venue, le 25 février 1635, investir le château d'Audruicq, qui, après avoir essuyé le feu soutenu de deux pièces de canon, avait été obligé de se rendre le même jour. Les Espagnols l'avaient repris peu après, et les Français d'Ardres s'en emparèrent de nouveau le 16 mai (ou 29 juillet) 1637, mais ils le délaissèrent presque immédiatement.

On lit en diverses archives les circonstances suivantes qui se rapportent aux événements précités : « Le 26 juillet « 1634, les garnisons de Calais, d'Ardres et de Guisnes « s'étant réunies, allèrent attaquer le fort *Audruic* où il « y avait soixante hommes ennemis et l'emportèrent. — « Les ennemis s'avancèrent au nombre de sept à huit mille « près du fort d'*Audruic*, et firent tomber la garnison d'Ar- « dres dans une embûche où elle perdit deux cents hom- « mes. » — « Le fameux Saint-Preuil, alors gouverneur d'Ardres, attaqua le 2 août 1637 le fort d'Audruicq, dont la reddition eut lieu le lendemain. » — Il paraît certain au surplus qu'à l'époque du siége de St.-Omer, en 1638, les Français battirent avec de l'artillerie ce fort d'Audruicq qui alors « était de grande importance », et le prirent. — Les Espagnols ne tardèrent pas à y rentrer, et Audruicq fit partie de l'*Artois réservé*. Le comte de Charost obtint alors le gouvernement du *pays reconquis*. — Plus tard, en janvier 1756, le duc de Béthune-Charost occupa ce poste.

L'illustre Turenne traversa le Brédenarde en 1657, lorsqu'il secourut Ardres. — Avant la prise de Saint-Omer, et sans doute par le traité des Pyrénées, Audruicq était déjà rentré sous l'obéissance de ses anciens souverains, puisque dans la carte de Sanson de 1674, le Brédenarde n'est pas compris dans la partie espagnole, et que le 7 avril 1677, trente chariots pleins de fourrages et bien attelés en furent expédiés pour le duc d'Orléans à Blendecques.

Par la paix de Nimègue du 17 septembre 1678, la ville d'Audr'icq resta définitivement au pouvoir de la France. Cette paix y fut proclamée solennellement le 1.er janvier 1679.

§ 3. — Église. — Clergé.

Ce fut Arnould II, comte de Flandre, qui institua à la fin du dixième siècle, les quatre paroisses du Brédenarde. — L'église paroissiale d'Audruicq se trouvait d'abord sur la Place en 1150; chapelle dédiée à saint Nicolas, dans cet âge reculé, elle fut depuis placée, lors de sa transla- tion, sous la protection de saint Blaise, patron des tail- leurs de pierres du canton; elle est actuellement sous le vocable de saint Martin. — Antoine, fils naturel de Phi- lippe-le-Bon, fit, en 1480, de riches donations à l'église d'Audruicq. — D'après les archives de l'abbaye de Licques, le chœur fut réparé en 1670 aux frais des décimateurs. — On reconstruisit le vaisseau et la tour en 1696, et cette importante restauration ne fut terminée qu'en 1743. — La flèche fut élevée en 1703, la cloche donnée en 1715, la tourelle bâtie en 1772. — L'édifice ne fut point détruit pendant la révolution, mais les trois nefs furent alors dépavées; on y fabriqua du salpêtre, on y tint des clubs, et il s'y trouva sans doute aussi des orateurs dignes du temps... — Dans l'intérieur, vous remarquerez des boiseries en chêne de Danemarck, d'un beau travail, et confectionnées en juin 1780, pour le prix de 4,300 livres, une balustrade de fort bon goût, et au-dessus des autels latéraux, deux tableaux supportables, l'*Assomption de la Vierge*, nouvellement réparée, et le *Martyre de saint Blaise*. — Celui-ci toutefois vient d'être remplacé par le *saint Sébastien* obtenu par une haute influence. — La confrérie du Saint-Sacrement est instituée en cette paroisse depuis 1730.

Dans le cimetière, vos regards s'attachent aux noms révérés des Piers et des Dekeisère, et l'on s'étonne toutefois de ce que ceux des Lauretan, des Bachelet, des Dubrœucq y soient restés dans l'oubli.... Il est bien vrai que « l'admiration dont on entoure une tombe ne vaut pas le plus humble des soupirs qui s'exhale près d'elle; » mais ne méritaient-ils pas au moins une inscription? — Une épitaphe poétique décore la tombe de Louise Everard.... Jadis ces témoignages littéraires de la douleur abondaient dans les champs du repos en Flandre et en Artois. C'était le plus souvent l'œuvre des Trouvères. Aujourd'hui, au village, dans le plus étroit cimetière, on rencontre aisément des preuves funéraires de cœurs non moins tendres et plus vrais.

Les habitants du Brédenarde ont toujours conservé, à travers les vicissitudes des siècles, un fonds de sentiments religieux. On lit dans les registres aux délibérations de l'hôpital Saint-Adrien, à Saint-Omer, qu'en 1491, il y eût des religieuses d'Audruicq qui se réfugièrent dans nos murs, à cause de la destruction de leur couvent opérée par l'ennemi. Elles furent employées à soigner les pestiférés. L'histoire ne nous a fourni aucun document relatif à cet événement. Peut-être est-il d'une date un peu moins reculée? Elles étaient de l'ordre de Saint-Dominique. — La tradition porte aussi qu'il y eut long-temps à Audruicq une chapelle protestante. Il y avait à la vérité des temples à Guisnes et à Marck consacrés par l'édit de Nantes, et en

1623, le culte réformé y était encore en pleine vigueur; mais en 1685, l'intolérance prévalut, et le calvinisme fut totalement aboli dans toute l'étendue du Brédenarde.

La dîme des religieux de Licques à Audruicq figure dans des bulles de 1164 et 1173; en 1228, l'on procéda au partage de la grosse dîme de cette paroisse, entre le Roi, l'abbaye de Licques et le chapitre de Thérouanne.

Dans le siècle dernier, les décimateurs étaient tenus de loger le curé et de réparer le presbytère. — Le presbytère et la maison vicariale furent vendus comme biens nationaux. — Le doyenné d'Audruicq était du diocèse de Saint-Omer. La nomination à la cure, fut dévolue tantôt à l'évêque, tantôt à l'abbé de Clairmarais. — A la fin du dix-septième siècle, Jean-Baptiste Herman-Ruteau était curé-doyen. En 1728, décéda M. Catty, dernier curé flamand. — A l'époque de la révolution, c'était M. Wanquier. — On doit se rappeler dans ce siècle, de MM. Costenoble, Bailleul et de Lauretan. — M. Dewintre, prêtre sage et expérimenté, a été installé en cette qualité le 27 février 1837. La nomination de M. Matton, vicaire, est de 1842. Ce dernier, malgré la sympathie des habitants, a été remplacé depuis lors par M. Gamin, jeune prêtre d'aménité et d'érudition.

§. 4. — Instruction publique.

Au commencement de 1813, la commune d'Audruicq exerça un acte admirable de bienfaisance; elle fournit à ses frais un remplaçant au jeune Aniéré que la conscription venait d'appeler sous les drapeaux de l'Etat, et celui-ci ne tarda pas à devenir le modèle des instituteurs. Son successeur, l'instituteur Cazin, a été installé solennellement en avril 1841. L'école de 1836, est vaste et convenable pour les conférences des instituteurs de ce canton.

L'école primaire d'Audruicq n'est pas sans quelque importance : puisse-t-elle se hâter de prendre tout l'accroissement désirable! « Quand les hommes sont éclairés, ils » peuvent plutôt rechercher ce qui doit contribuer à les » rendre heureux et à élever la prospérité publique. » — Quelques leçons d'histoire locale n'y seraient pas sans utilité, car, « rien n'est propre à faire naitre l'amour de la patrie et à développer le sentiment du bien être dû à notre état de civilisation comme l'étude de l'histoire. » La circulaire si utile de notre Cardinal relative à l'histoire des églises ne tardera pas probablement à être généralement exécutée; et l'on ne saurait trop louer le commandement de l'archevêque de Cambrai d'ouvrir dans toutes les paroisses un registre pour y inscrire tous les faits dignes de mémoire concernant chaque localité. Jadis, les hommes ne voulaient connaitre que l'histoire des Rois et des Grands qui souvent ne sert à personne, comme l'a observé Bernardin de Saint-Pierre; aujourd'hui, l'on songe plus sérieusement à l'avenir, et tout fait croire que l'on s'occupera désormais avec réalité du peuple des campagnes. — Oui, il faut encourager aussi « chaque village à écrire son »histoire, où se trouveraient mentionnés tous ceux qui »se sont distingués comme bons cultivateurs, comme bons »pères de famille, comme bienfaiteurs publics, comme »ayant fait à leur commune quelque sorte de bien. »

La propagation dans la jeunesse des ouvrages historiques par les distributions de prix aux écoles est une noble et fructueuse pensée; car « de toutes les études nécessaires à l'éducation la plus utile comme la plus négligée, n'est-ce pas encore, comme l'a observé M. Henri Martin, celle de l'histoire de notre pays? — Au nombre de ses besoins, il faut placer la création d'une bibliothèque communale : Quand elle ne détournerait par chaque année qu'un ou deux jeunes gens des habitudes grossières et abrutissantes de l'estaminet, croyez-vous que cela ne serait pas déjà un grand bien, un véritable progrès? Il y a quelques années on songeait au ministère de l'instruction publique à cette salutaire institution ; aujourd'hui sait-on bien là quels sont les bibliothécaires des villes de provinces? « Mais que le moyen puisse, comme l'observe le savant Monteil, toutes les fois et sans exception, aller à un ministre en passant par trente mains, trente cartons et trente portes? »

Que le député actuel du Bredenarde, membre de la commission de la bibliothèque de Saint-Omer, et si porté, comme on sait, pour la prospérité de cet établissement (1),

---

(1) Au 1.er juin 1843, le numéro le plus élevé du catalogue de la bibliothèque de Saint-Omer est 5377. — Nous avons conseillé, en 1811, de tirer encore un parti avantageux des ouvrages *doubles*, *incomplets* et *dépareillés*....... Il parait qu'un échange peu favorable

s'anime d'un zèle généreux pour son lieu natal et y devienne le principal fondateur d'un dépôt littéraire : ses parents, ses amis imiteraient probablement un noble exemple, nous pouvons en donner l'assurance. — On sait aussi que Baudouin II, comte de Guines, était un des hommes les plus savants de cette contrée; possesseur d'une très-ample bibliothèque, qu'il regardait avec raison comme un moyen assuré d'instruction publique, il encourageait dignement les gens de lettres qui l'entouraient. — Les bibliothèques populaires, destinées surtout à combattre la vie de cabaret, ont trouvé déjà en diverses localités d'honorables sympathies ; et ne craignez pas une dépense trop forte, un sacrifice trop élevé.... Un petit nombre d'ouvrages bien choisis, cent bons volumes suffisent. « J'appréhende que vous ne soyez un trop grand acheteur de livres, » disait Racine à son fils. — Depuis avril 1830, le *Journal de Calais* a pris le titre de journal des cantons d'Ardres et d'Audruicq : puisse la liberté de la presse y introduire des améliorations successives et des changements favorables!

Berçons-nous donc de l'idée flatteuse que chaque année la population de nos communes rurales fera également des progrès utiles dans toutes les branches de l'industrie humaine, sous un gouvernement tutélaire qui comprend parfaitement cette protectrice maxime : « Il y a plus de »gloire à rendre un peuple heureux et florissant qu'à »joindre des provinces à un royaume. »

---

a été proposé par l'autorité supérieure. A-t-on sû dresser au moins une liste exacte de ces ouvrages? Nous avons encore en *manuscrit*, et pour long-temps sans doute *désormais*, celles indiquées à la page 37 de la *Notice historique sur la Bibliothèque publique de Saint-Omer*.

Le personnel de la commission de cette bibliothèque a été augmentée par l'adjonction de M. Quin, antiquaire de la Morinie.

Les observations du rapporteur du budget, concernant la boiserie et un lieu réservé pour les manuscrits précieux, sont sages et émanent d'un esprit judicieux et préoccupé *sincèrement* des améliorations de l'établissement.

La bibliothèque de Saint-Omer a été assurée en août 1842, pour la somme de 30,000 francs ; mesure utile. Celle de Lille vient de l'être pour la somme de 150,000 francs par les soins du nouveau bibliothécaire, M. Gachet, le digne successeur de M. Lafuitte. — Les *sciences et arts*, et les *belles-lettres* de cette bibliothèque ont été publiées, l'impression de l'*histoire* est commencée...... Mais où en est-on donc avec le catalogue de la bibliothèque de Saint-Omer ?

3.

§. 5. — Anciennes coutumes. — Juridiction.

Baudouin IV, successeur d'Arnould III, confirma, du temps même de son père, aux habitants de la ville d'Audruicq et des communes voisines, les priviléges, lois et coutumes que ses ancêtres leur avaient accordés. Ce fait est puisé dans les anciennes archives d'Audruicq ; l'échevinage de la capitale du Brédenarde date de cette époque. Nous avons vu dans les archives de notre cité, une lettre du 22 juillet 1272, signée par le comte de Guisnes et son fils, concernant l'institution de l'échevinage d'Audruicq conformément à celui de St.-Omer ; au cas de difficultés, y est-il dit, les officiers municipaux doivent avoir recours à ceux de cette ville. A la lettre du comte de Guisnes se trouve jointe une missive du roi Jean, du 4 septembre 1355, confirmative des dispositions précédentes.

En novembre 1279, ce même Baudouin IV accorda au Brédenarde de se conformer pour sa coutume particulière à celle de Bailleul, dont les lois devaient être observées en tous points. Cette circonstance caractéristique explique encore puissamment pourquoi les habitudes flamandes se sont perpétuées si long-temps dans ce canton.

La fille de Baudouin IV avait eu la gloire de faire rentrer le domaine paternel sous l'antique domination des comtes de Guisnes, mais elle perdit son époux, le comte d'Eu, à la funeste bataille de Courtrai. Chargée de la tutelle d'un enfant en bas-âge, elle éprouva les bienfaits de Philippe-le-Long, et décéda en 1331.

Raoul II, son unique héritier, succéda aux comtés d'Eu et de Guisnes, et parvint au poste éminent de connétable de France. Il confirma en 1325 les priviléges du pays de Brédenarde. Sa charte resta long-temps déposée dans les archives d'Audruicq. Quelque temps après, il fut tué dans un tournoi, lors de la célébration des nôces du duc Philippe d'Orléans.

La mort funeste de Raoul, excita en France des regrets universels. Il laissa aussi un fils nommé Raoul, qui fut également connétable, et qui fut encore plus malheureux que son père. En juin 1395, Charles VI confirma les priviléges des communes du pays de Brédenarde. En 1415, l'administration de ce pays fut confiée au gouverneur de la province de Picardie. — Au seizième siècle, le *château d'Audruicq* était mentionné dans le coutumier de Montreuil. Ardres, comme ville voisine, prétendait avoir des droits plus certains sur l'exercice de la juridiction du Brédenarde, mais le bailliage de Saint-Omer finit par l'obtenir. Sous le gouvernement espagnol, en 1689, le 29 septembre, la coutume particulière d'Audruicq fut établie en soixante-dix-huit articles.

Cette commune locale à laquelle Philippe-Auguste avait d'abord donné son approbation en 1194, ainsi qu'à celles des autres villes d'Artois, et qui obtint après l'assentiment de Saint-Louis, fut ensuite rédigée, après le retour à la domination française, en dix-sept articles en vertu de la déclaration royale du 30 janvier 1739, et décrétée par lettres du 26 septembre 1743. Lors du passage de Louis XV à Hénuin, l'orateur chargé de le complimenter remercia ce prince du don récent des *coutumes particulières*.

Après avoir fait partie du ressort administratif des intendants de Picardie et de Flandre et d'Artois, depuis la paix de Nimègue jusqu'au commencement de la révolution, Audruicq fut soumis ensuite à la juridiction du district de Calais, mais les lois des 11 octobre 1795 et 17 février 1800 relatives aux nouvelles divisions territoriales, firent rentrer cette ville, ancienne capitale du Brédenarde, sous la direction des autorités de Saint-Omer. Quant à sa coutume locale, elle subsista jusqu'à la promulgation du Code civil. — Les anciens réglements du pays furent confirmés par décisions du conseil municipal des 8 janvier et 15 juin 1805. La publication du code des campagnes produira sans doute des résultats excellents.

Le 17 juillet 1677 le lieutenant particulier de la châtellenie prêta serment à Saint-Omer devant les nouvelles autorités. — Tous les droits et priviléges du pays furent maintenus.

La charge de maire d'Audruicq et pays de Brédenarde fut alors réunie. M. Dubrœucq en fut pourvu le 18 novembre 1699.

En 1693, Léonard-Balthasard de Laurétan demeurait à Audruicq en qualité de grand-bailli héréditaire. On sait généralement que cette famille y a toujours brillé d'un éclat remarquable. — En 1718, Marcotte de Roquétoire exerçait cette charge, et le 13 mai 1775, M. Lallart de Ribehem remplaça M. de Laurétan de Cauchy dans cette dignité. En 1789, c'était M. de Laurétan de Bavincove qui remplissait cet emploi. — M. Piers était mayeur.

Des nombreuses archives d'Audruicq, brûlées presqu'en totalité à la révolution, il ne reste que quelques vieux registres sans suite en dépôt tant dans l'ancien Landshuus que dans une maison particulière. Une table centenaire des actes de l'état-civil (1700 à 1800), vient d'être dressée avec talent par l'huissier Dubrœucq. — Puisse ce travail d'une haute utilité trouver de nombreux imitateurs!

Aux archives départementales, à Lille, on peut dans la *Chambre d'Artois* consulter les comptes du domaine d'*Audrewicq* et pays de Brédenarde, de 1423 à 1665. — A la bibliothèque de Calais, il se trouve un terrier de 1667 concernant la même contrée.

« Il serait à désirer qu'une disposition législative intervînt qui ordonnât que toutes les archives provenant des siéges de justice supprimées fussent rendues à leurs localités respectives. » — Nous croyons avoir suffisamment fait connaitre celles de Saint-Omer.

§. 6. — Statistique.

CHEMINS.

L'un des notables les plus éclairés de la ville d'Audruicq nous écrivait naguère à l'occasion de notre chronique sur sa patrie :

« Puissiez-vous par l'histoire persuader à nos bons ha-
» bitants qu'ils n'ont encore rien fait pour le perfectionne-
» ment et l'amélioration d'un aussi beau et riche pays!
» Je veux parler des communications qui seules peuvent
» doubler la richesse et du sol et des particuliers. »

Dans la campagne de 1657, Jacques II, alors duc d'Yorck, qui servait dans l'armée espagnole, sous les ordres du prince de Condé, en arrivant sur les bords des basses terres, fut obligé de faire halte jusqu'à ce que le bagage et l'artillerie eussent passé la seule chaussée qui conduise de *Gravelines* à *Polincove*, et que l'abondance des pluies avait rendue *presque impraticable*.

A la fin du dix-septième siècle, les grands chemins du Brédenarde étaient encore en si mauvais état qu'il était impossible d'avoir des accès libres en diverses communes; une ordonnance du 23 juin 1689 prescrivit d'y apporter de promptes réparations. Cependant le Conseil-général du département a pris diverses fois en considération la situation des routes de grande communication de ce canton, et maintenant l'administration communale d'Audruicq mérite les plus grands éloges pour les améliorations successives qu'elle introduit avec zèle dans les routes et chemins vicinaux de cette ville. Le désencombrement de la place est toutefois à désirer. Puisse le chemin de fer lui procurer bientôt de nouvelles sources de vie et de propérités !

FOIRES ET MARCHÉS.

Baudouin II, comte de Guisnes, établit à Audruicq, en 1174, le marché public que ses prédécesseurs avaient fixé à Zudquerque, et ordonna qu'une foire solennelle s'y tiendrait tous les ans aux féries de la Pentecôte. Cette foire se maintint par tradition à cette époque durant les siècles suivants. — Le 27 juillet 1821, le conseil municipal de Saint-Omer rejeta la requête d'Audruicq contenant une extension de foires et de marchés, parce qu'elle pouvait nuire aux octrois de cette ville. — Une ordonnance du 29 décembre 1829 a décidé qu'une nouvelle foire se tiendrait à Audruicq, le troisième mercredi du mois d'octobre ; et en même-temps a autorisé la tenue annuelle de quatre francs-marchés. — Par ordonnance du 26 février 1836, six foires ont été instituées en cette commune et attribuées au troisième mercredi des mois de janvier, mars, juillet, août, septembre et décembre. — Jadis le marché avait lieu le mardi, mais il se tient le mercredi depuis une vingtaine d'années ; et le blé et le lin maintenant y arrivent en abondance. — En 1790, le prix de la rasière de grains, mesure d'Audruicq, était de 18 livres 5 sols.

RIVIÈRES. — FONTAINES.

Les malignes influences de l'Océan se font sentir aux habitants du canton d'Audruicq, observe Collet, et les vapeurs salées que des vents fréquents et impétueux transmettent sur l'horizon, entretiennent une grande humidité dans son atmosphère. Audruicq a vu et voit encore de nombreux vieillards : plusieurs même approchèrent du terme privilégié d'un siècle. — En 1435, une taille fut levée par le procureur fiscal de la châtellenie sur les bourgeois de Saint-Omer qui y avaient des terres, pour réparation de la rivière d'Audruicq. — Les rivières qui arrosent cette ville sont le Meulestroom et le Stawaert. — Celle-ci commence à la place et va se perdre dans le canal de Calais. Sa longueur est de 3,137 mètres et sa largeur de 12 mètres. Elle a été curée en 1810 pour la somme de 13,000 fr. Auparavant, on avait ordonné, en 1697, le nettoiement des watergands du Brédenarde, et, par arrêté du 10 juin 1728, on avait déjà procédé au curage du Stawaert et de l'autre rivière jusqu'au fort Rébut.

Les rivières d'Audruicq se lient au système des eaux du Bas-Calaisis, a dit M. Allent, sont navigables, et forment, comme celles de Polincove et de Ruminghem, des chemins vicinaux et d'exploitation. — Une fontaine, dite de Saint-Blaise, coulait encore dans le siècle dernier, près du riche et beau manoir de M. Lecouffe, ancien notaire. Elle était entretenue avec soin, et on attribuait à ses eaux une vertu merveilleuse. Le curé allait processionnellement, le 3 février, jour de la fête du patron, bénir ces eaux avec cérémonie. L'usage général d'en boire pour se guérir de la fièvre n'a cessé que depuis 1728. — Les esquifs abordaient, dit-on, autrefois jusques sur la place d'Audruicq, et maintenant l'on a souvent de la peine à s'y procurer de bonnes eaux. — Une petite fontaine sur la place a signalé, en 1829, l'administration actuelle; la fleur de Lys qui surmontait le monument n'a pu supporter un changement de dynastie: c'était à la vérité un emblème bien inquiétant à Audruicq!

POSTE. — GENDARMERIE.

Il manquait encore il y a quelques années, à Audruicq, un bureau de poste aux lettres, mais le préfet avait donné un avis favorable à la sollicitation réitérée du conseil municipal. — Un bureau de distribution y fut d'abord établi en juin 1840, et, par décision du 29 juin 1842, cette distribution fut convertie en direction, et M. Bourel, nommé directeur. Il faut espérer que le vœu d'une *brigade de gendarmerie*, exprimé de nouveau encore en 1842 par le Conseil-général, ne tardera pas aussi à se réaliser.

TERRITOIRE. — POPULATION. — HAMEAUX.

Expilly disait en 1762 d'Audruicq:
« Bailliage et recette de Saint-Omer, conseil provincial et souverain d'Artois, parlement de Paris, intendance de Lille. » Sa superficie est de 1,384 hectares. La contenance du territoire, de 4,000 mesures environ, est de près d'une lieue d'étendue du levant au couchant, et de six quarts de lieue du midi au nord.

On voit dans quelques vieux registres, débris d'archives, que le 8 mai 1710, on procéda à la vente et aliénation du domaine utile du pays de Brédenarde, moyennant 15,000 livres environ, pour tenir le tout en roture du Roi, à cause de son *château d'Audruicq*. Les vestiges de l'ancien rempart faisaient partie de ce domaine. Le 1.er octobre 1711, on vendit aussi tous les droits, privilèges et rentes du Roi pour être tenus *en fiefs*.

Les vestiges des anciennes fortifications d'Audruicq indiquent encore son ancien circuit. On prétend que les remparts qui ont été aliénés de nouveau en novembre 1796 n'avaient été formés que dans le seizième siècle.

Le marais communal du Brédenarde, d'après une division approuvée de l'autorité supérieure, était en 1806 de 98 hectares 74 ares 28 centiares.

La partie échue à Audruicq lors du partage de ce marais était d'environ 110 mesures qui furent vendues lors de l'aliénation générale des biens des communes.

A l'avènement de Louis XVI, on comptait à Audruicq 465 âmes et 93 feux; en 1814, 2,056 habitants et 316 maisons. La population de 1824 était de 2,212 individus. Le chiffre actuel est de 2299 et on y voit 375 habitations.

Sur la liste des électeurs assemblés à Aire le 30 juin 1790, se trouvaient 8 habitants du canton d'Audruicq. Leur nombre était de 57 à l'époque de la loi du 19 avril 1831. Il est aujourd'hui de 33 à Audruicq. Celui des électeurs municipaux est de 165.

En 1807, le nombre des maisons du canton était de 2,209.

La kermesse d'Audruicq arrive à la Pentecôte.

Le juge-de-paix du canton est M. Lesage, temporiseur prudent et rempli de bonnes intentions. — Son suppléant est M. Hamy, notaire probe et loyal, fort éclairé. — Le maire d'Audruicq est M. Grandsire; l'adjoint M. Popieul. Le conseil municipal est composé de 16 membres.

Les hameaux d'Audruicq sont le Blanc-Bouillon. — La Commune. — La Nostraten. — Le Moulin. — Le Pont-de-Pierre. — Le fort Bâtard, et Hénuin. — Nous pensons que le fort Bâtard était sur la rive droite du canal de Calais: il fut pris en même-temps que le fort Rebut par les Français le 24 octobre 1634. Rebâti en 1642, il fut repris par les Espagnols, et détruit ensuite par les Français. — Quant au fort d'Hénuin (*Hennewin*), situé sur le territoire de Saint-Folquin, il fut occupé par les Français après l'expulsion des Anglais en 1558. Les Espagnols s'en emparèrent après, puisqu'en 1657, ceux-ci se retirèrent aux approches de Turenne. — Si Mannequebeurre vit Louis XIV, un autre roi de France, Louis XV, traversa Hénuin le 4 juillet 1744.

Divers projets ont été formés concernant le vieux canal d'Hénuin. — Lors de l'établissement du canal de Calais, en 1680, les états d'Artois furent obligés de faire à leurs frais les écluses d'Hénuin et les grandes réparations de la rivière sur le territoire de leur juridiction.

Ce canal a été creusé sur une longueur de 15,570 toises ; la dépense en fut en partie acquittée par une taxe territoriale de 45,000 fr. *Le pont Sans-Pareil* a été construit sur ce canal, magnifique ouvrage dont la gigantesque entreprise fut supportée, moitié par le Roi, et le surplus par les gouvernements de Calais, d'Ardres, et le pays de Brédenarde. — En 1840, malgré le rejet de l'année précédente, l'on adopta le projet d'une utilité incontestable de perfectionnement de la partie du canal de Calais, comprise entre l'écluse et l'Aa, estimé à 600,000 francs. — Le perfectionnement de cette écluse est encore vivement réclamé. — Il y a une dixaine d'années, grâce aux sollicitations de M. Pigault de Beaupré, une somme de 14,000 francs fut allouée pour l'élargissement de la route d'Hénuin qui borde le canal et dont le rétrécissement offrait tant de dangers aux voyageurs. — Au commencement d'août 1839, le jeune Toulotte de St.-Omer tombé à l'eau, fut retiré du bassin d'Hénuin par le dévouement de l'huissier Cabaret, déjà signalé par de belles actions de ce genre.

~~~~~~~~~~~~~~

§. 7. — Faits divers. — Incendies.

Sous la domination espagnole, la formule du serment exigé des fonctionnaires publics du pays de Brédenarde, commençait ainsi : « Nous jurons par le Dieu tout-puissant, et sur *la damnation de nos âmes....* » Cette manière de prêter obéissance se maintint même dans le dix-huitième siècle ; dans le nôtre, comme elle aurait fait de *damnés !* « Pour que les hommes restent fidèles à leurs serments, il faut les instruire. »

Le peuple d'Audruicq extrêmement jaloux de ses droits et priviléges, peu endurant et grand amateur de procès, dit-on, a toujours été vivement attaché à ses coutumes, auxquelles il dut peut-être sa tranquillité intérieure. Car si le peuple lit les hommes et s'instruit quelquefois dans ce code vivant, il n'en éprouve pas moins, et souvent avec plus de stabilité, l'influence salutaire des bonnes lois. Fery de Locre et Bernard rapportent qu'il fut constamment fidèle aussi aux réglements des Conciles pour l'abstinence des viandes les vendredis et les samedis, et que dans le moyen âge « l'usage même du vin lui était interdit en ces jours-là. »

Le nommé Buron fut roué en 1786, sur la place d'Audruicq, pour assassinat commis à Nordquerque.

Henry signale l'hiver de 1144 comme ayant été d'une rigueur extraordinaire dans le Brédenarde. — A la fin du treizième siècle, les moulins n'étaient pas en communauté dans le Brédenarde, mais le 20 août 1630, le moulin à vent d'Audruicq fut donné à bail pour 1,000 livres : tous les habitans du canton étaient alors obligés, sous peine de 60 sols parisis d'amende et confiscation, de faire moudre leurs grains à ce moulin ou à celui à eau de Polincove.

En 1673, les Espagnols avaient imposé sur le pays de Brédenarde de grandes charges de denrées diverses.

En 1734, on y prit des mesures énergiques contre les braconniers.

Le 23 mai 1703, le *pot* de bière du concierge du *Landshuus* fut taxé à trois sous neuf deniers sans excédant, à peine d'amende; le prix en fut élevé à cinq sous en 1713. Il est maintenant presque doublé. C'est un superbe fleuron pour un octroi à venir. Le bail de ce Landshuus ou maison communale se fit en 1696 ; depuis lors, on a parlé bien des fois d'ériger sur la place, sur le plateau de la première église, un *hôtel-de-ville* digne du Brédenarde, mais ce sont de ces projets qui, pour être achevés, ont surtout besoin d'être longuement médités. — Le nombre des cabarets est toujours très-élevé à Audruicq.

En 1498, le pays compris dans les subsides du département de Picardie était accablé d'impôts, dont on sollicita alors le dégrèvement.

Dans le siècle suivant, les habitants d'Audruicq avaient obtenu du magistrat de Saint-Omer de grands priviléges pour les marchandises qu'ils viendraient étaler dans la halle, ainsi qu'une diminution considérable sur les droits concernant les grains qu'ils ramèneraient, non vendus, dans leur pays par la rivière de l'Aa.

Ce réglement commercial démontre les rapports intimes qui ont long-temps existé entre Audruicq et la ville de Saint-Omer.

Lors de la contestation pour le chef-lieu de ce département entre Arras et Saint-Omer, Audruicq se prononça pour notre cité comme point central ; et après avoir voté, ainsi qu'Ardres, le 30 août 1820 au collége électoral de Boulogne, donna ensuite son assentiment à la demande d'un nouvel arrondissement pour *Calais*, motivé sur le besoin d'une administration *très-voisine* et sur ses relations *naturelles* et *nécessaires* avec cette cité pour ses marchés.

L'administration communale de Saint-Omer délibéra, sur ce sujet, le 31 janvier 1831. On fit valoir que les intérêts les plus graves seraient compromis par cette mesure : « Donner à Calais les cantons d'Ardres et d'Au- »druicq, c'est rompre les relations établies, ainsi que »des habitudes et des besoins aussi anciens que ces villes »mêmes en quelque sorte, et que Saint-Omer d'ailleurs »a tout fait pour favoriser et entretenir. »

On prétend que le canton d'Audruicq est moins éclairé que celui d'Ardres.... Question oiseuse. Il y a une librairie aussi à Audruicq.... C'est encore une source d'instruction publique qu'il serait peut-être sage d'encourager.

A diverses époques, des médailles et autres objets d'antiquité furent trouvés dans la commune d'Audruicq ; en général, leur origine paraissait anglaise et rappelait le souvenir du *pays conquis*. Le fertile canton de *la Tombe* ne doit-il pas cette dénomination à quelque belliqueuse circonstance qui laisse un peu de fumée qu'on appelle de la gloire, et de productifs engrais aux champs ensanglantés ?

Jadis, l'arbre de la liberté était planté au lieu de la fontaine actuelle ; il fut cassé d'abord, cloué, puis brûlé à la restauration par des habitants de Zudquerque. — A la seconde rentrée de Louis XVIII, Ardres dut capituler devant les royalistes d'Audruicq.

Le cardinal de Latour-d'Auvergne a visité Audruicq le 18 mai 1840. Il y fit remarquer sa tolérance et son esprit de conciliation ; les fermiers de Zudquerque lui composèrent une escorte d'honneur, et partout sur son passage, dans les rues du canton, éclatait une vive allégresse de sa présence.

Deux ans après, le 18 mai 1842, le conseil de révision se tint pour la première fois à Audruicq : le préfet n'eut qu'à se féliciter de cette innovation.

En 1835, on vota pour cette commune l'utile acquisition d'une pompe à incendie. — Cette pompe achetée en 1838 est fort belle, et en août 1839, le Conseil-général vota la somme de 300 francs pour l'achat des accessoires de la machine. — En 1840, une superbe compagnie de pompiers, grâce au zèle du maire et du notaire Hamy, élu capitaine, était parfaitement organisée pour le service, en belle tenue militaire, et avec une musique déjà renommée pour sa facile et brillante exécution. — Depuis 1830, plusieurs incendies ont éclaté à Audruicq : lors de celui de juillet 1830, deux habitants firent preuve d'un courage qui mérite d'être loué : ils préservèrent des flammes le corps-de-logis de l'habitation, et le dommage fut minime.

En août 1836, l'on annonça qu'il devait s'établir à la chancellerie de la Légion-d'Honneur un comité qui serait spécialement et exclusivement chargé de signaler au Roi les vertus obscures et les talents de la province. Ce comité devait avoir des correspondants dans les chefs-lieux de département et même d'arrondissement. Les correspondants avaient mission de chercher, même dans les communes rurales, soit les hommes qui se recommandent dans l'administration municipale, ou bien ceux qui donnent à l'agriculture, à l'industrie, des encouragements, ou qui se font remarquer par des actes de philanthropie qui ne parviennent pas toujours à la connaissance de l'autorité locale. Qu'est-il donc advenu de tout ce beau projet?

Dans la nuit du 15 au 16 avril 1834, le feu prit à la maison de la veuve Pruvost, au hameau du Moulin; la perte fut de 4,400 fr. — Le 10 avril 1835, à une heure du matin, la boucherie de Lebel fut sur le point de devenir la proie des flammes. Quelques jours après, deux enfants mirent le feu à Nostraten, à un petit bâtiment où périt un chien à la chaine; depuis lors ce lieu est appelé le *Chien brûlé*. — Le 9 décembre suivant, la demeure de M. Parent faillit aussi être incendiée; le dommage ne fut que de 200 fr. Le charpentier Degouy fit preuve de zèle dans ces événements. — Dans le cours du même mois, le feu consuma une petite chaumière du rempart, vers le front sud.

Le 31 août 1836, une autre chaumière du rempart, occupée par Catian Virginot, dit Petit-Ménage, fut livrée aux flammes par l'imprudence de ses enfants. Cette habitation ne tarda pas à être reconstruite par la charité publique. Le département solda la toiture en pannes.

Entre le fort Rouge et le fort Rebut, le 3 septembre

1842, un incendie consuma la maison occupée par le nommé Lefebvre; le dommage a été de 3,500 fr.

~~~~~~~~~~~~~~

§. 8. — Biographie.

C'est avec l'approbation générale que nos sociétés savantes provoquent des recherches biographiques sur les hommes qui ont illustré la province; et quelle est la contrée du monde qui ne compte d'ailleurs parmi ses enfants, avons-nous déjà dit, quelques noms plus ou moins célèbres dont la postérité accueille avec transport le souvenir honorable?

Vers la fin du douzième siècle, il y avait eu dans cette contrée un seigneur qui portait le nom de *Charles de Brédenarde;* mais les antiques annales n'ont point fait mention de son origine, et on croit qu'il était vassal du comte de Guisnes, et probablement de sa parenté.

Engelbert Despaigne, soixante huitième abbé de Saint-Bertin et honoré de la faveur de Charles-Quint, était issu d'une des plus nobles familles des seigneurs du Brédenarde. — Arnould d'Audruicq était religieux de Saint-Bertin en 1294. — Jean d'Audruicq était, en 1334, le chef d'une ancienne famille.

Le nom de Piers est considéré depuis plusieurs siècles dans le pays de Brédenarde. A la fin de la *Notice* sur la bibliothèque de Saint-Omer, nous avons exposé quelques recherches sur ce nom : que l'on veuille bien ne pas nous croire animé par un vain motif si, avec quelques additions, nous jugeons à propos de les reproduire à leur place naturelle.

Il y a un lieu de la province de Wilt, en Angleterre, appelé Easton-Piers (Nicéron, t. 4, p. 311). Ce nom de Piers a été assez répandu dans la Grande-Bretagne. — Edouard Bruce livra bataille en Irlande, contre l'avis de ses meilleurs officiers, à sir Piers de Birmingham, général anglais; il fut défait. — Au commencement du quatorzième siècle, on trouve ce nom avec la qualification de Miles, chevalier, dans les manuscrits de sir Thomas Phillipps. — Dès son enfance, Edouard II avait vécu dans la plus grande intimité avec Piers de Gaveston, fils d'un gentilhomme de la Guyenne (Lingard, traduction, t. 3.

p. 436). — Froissard parle de Piers de Grailly, captal de Buch. — La belle Alix Pierce était la maitresse du vieil Edouard III. — Sir Piers de Courtenay, chevalier anglais, était renommé à cette époque pour son adresse dans les joutes, et la beauté de sa personne. — Le roi Richard II, d'après plusieurs autorités historiques, est mort de la main de Piers Exton (note du *Panthéon littéraire*, Froissard). D'autres appellent ce meurtrier Thomas Pierce. Il faut lire selon nous Thomas-Pierre Exeton. — En 1415, Jean Piers commandait à Londres le navire *la petite Trinité de la Tour* (note de sir Phillipps). — Jacques V, roi d'Ecosse, s'empara du château de Piers Cockburn d'Hunderland, l'un de ses barons, et le fit mettre à mort. — Ce nom de Piers figure encore sur la liste des officiers fidèles à Jacques II qui, après sa retraite définitive à Saint-Germain, furent dirigés sur quelques villes de la Flandre et de l'Artois avec de médiocres pensions. *Plowmann Piers Vision* (édition de Crowley), vieux poëme anglais, est cité par Walter-Scot : « Il avait acheté d'un colporteur, parce que le titre l'avait flatté, *la Vision du laboureur Piers*. » (*Le Pirate*, traduction, p. 45).

Le nom de Piers n'est pas moins connu dans la Flandre. Sanderus indique un consul Piers à Beveren (*Flandria illustrata*, t. 3, p. 208). Il cite encore un Jeremias Piers Seanus (*de Scriptoribus*, lib. II, page 109). D'après les archives de Lille, l'un des fonctionnaires de l'église de Tournai, en 1597, avait le nom de Piers. Une famille Piers possédait les seigneuries de Wille et Haut-Point dans la châtellenie de Courtrai. L'un de ses derniers descendants, Jacques-Joseph Piers, jouissait à Gand, en 1767, d'une fortune considérable. Le savant M. Voisin, bibliothécaire de l'université, nous a promis de nouveau une notice biographique sur les Piers, bourgmestres ou sénateurs à Gand (1).

L'admirable maison de M. Piers, de Bruxelles, a été enclavée dans le domaine de Laeken, où Napoléon signa la fatale déclaration de guerre contre la Russie.

Charles Piers, neveu du prévôt Oudart de Bersacque, fut reçu chanoine à Notre-Dame de Saint-Omer le 27

---

(1) Hélas, cette promesse ne peut plus être réalisée : l'érudit, le bon, le généreux M. Voisin est tombé mort tout-à-coup dans une réunion d'artistes, le 4 février 1843, emportant les justes regrets de toute la ville de Gand.

juillet 1540, élu doyen le 7 juin 1555 (le dernier de la collégiale), il mourut à Rome, où il s'était retiré, le 26 juillet 1595. Il avait été chargé le 26 mai 1553 de la vente des biens que le chapitre possédait en Allemagne. Il est mentionné au seizième siècle, ainsi qu'Isambeau Piers et Colart Piers, également prêtres, dans *le grand Cartulaire de Saint-Bertin*, et son sceau y est configuré à la page 42 du tome 8. — Un autre Charles Piers, religieux de Clairmarais, et prieur de Ponteau, en Gascogne, décéda à Saint-Omer le 22 avril 1756.

Dans les deux siècles qui précèdent, divers individus de ce nom résidaient à Ruminghem, à Saint-Omer et dans le Brédenarde. — On trouve dans nos archives François Piers, fils de Charles, né à Saint-Omer le 10 mars 1652, et Jacques Piers, né à Ruminghem, décédé à Saint-Omer le 9 janvier 1777. — Pierre Piers exécuta, en 1678, de grands travaux au hâvre de Gravelines qui attirèrent l'attention de Vauban.

Pierre Piers était mayeur d'Audruicq en avril 1703, et trois générations auparavant Flour Piers y avait sa demeuré. Plusieurs autres membres de cette famille ont rendu d'importants services à l'ancienne capitale du Brédenarde.

Guillaume-Louis-Joseph Piers, né à Audruicq le 21 février 1733, exerça d'abord le sacerdoce pendant cinq ans en la paroisse de Sainte-Marguerite; il enseigna ensuite au collège français la rhétorique pendant vingt-huit ans (1763-1791), il avait rédigé un traité de cet art qui obtint long-temps une estime générale dans cette contrée. — Le numéro 172 des manuscrits de Vanhulthem porte ce titre : *Institutiones Rhetoricæ datæ à domino Piers, professore vigilantissimo longèque meritissimo; receptæ à Francisco-Josepho de Saint-Jean, Ariensi, Audomarensi.* 1777, in-4.° de 320 pages. — Dans la bibliothèque de Pierre-Joseph Baudewyns, savant professeur à Bruxelles, se trouve le même ouvrage, grand in-8.° — A l'époque de la révolution, l'abbé Piers jouissait de quelques pensions accordées par forme de récompenses et de retraite, en considération de ses longs services.

C'était 900 livres sur les biens du collége, 400 livres du Roi, 500 livres de la doctrine chrétienne, et 300 livres de l'évêque sur les possessions des Jésuites de Watten. — En 1793, il se réfugia à Nordquerque, et de là il se rendit dans la Hollande, où il fut suivi d'une foule d'ecclésiastiques, la plupart ses anciens élèves. Il mourut, dit-on, à

Rotterdam, en 1791, regretté de ses malheureux compagnons d'exil qu'il savait consoler par son excellente philosophie. Cependant le directeur-général de la dette publique demanda sur son compte des renseignements à notre administration communale le 4 mars 1799.

Philippe-Jean-Baptiste Piers, né à Ruminghem le 2 avril 1743, fit également honneur à l'état ecclésiastique. Confesseur en langues étrangères de la ville de Paris, il publia, en 1791, l'*Histoire du schisme de la nation française;* — *Histoire abrégée des élections telles qu'elles se sont faites depuis l'établissement de l'Eglise catholique, apostolique et romaine*, par l'abbé Piers de Ruminghem. Paris, 1791, in-8.° — Il fit encore paraître quelques écrits dogmatiques en 1792, et en 1797, *un Discours politique et historique sur la mort de Marie-Antoinette, Reine de France*. Il décéda dans son lieu natal le 26 janvier 1808. — Jean-Louis-Blaise Piers, né à Audruicq le 28 septembre 1732, a été l'un des juges de paix du canton; il était mayeur d'Audruicq en 1780, et même en 1790. Alors il devint l'un des administrateurs du nouveau département du Pas-de-Calais, et l'un des adjoints au directoire de ce département. — Décédé le 16 mars 1812, peu d'habitants du Brédenarde y ont laissé une mémoire plus vénérée. Ses connaissances variées et sa profonde expérience des choses de la localité y avaient été d'une grande utilité, et son obligeance était toujours extrême.

Louis-Joseph Piers, né à Audruicq le 17 février 1763, fut, pendant de longues années, l'un des ornements du barreau de Saint-Omer. Elu juge-de-paix, le 27 novembre 1792, il tint en cette qualité une conduite admirable lorsque le farouche Billaud-Varennes, fermant les portes du collège anglais, mit en arrestation le révérend président Stapleton. Ce dernier, grâce à la fermeté du juge-de-paix, qui donna sa démission, put circuler librement dans l'intérieur de la cité. — Le 11 novembre 1796, il fut nommé par le tribunal du département conseil officieux, chargé de consulter et de défendre gratuitement sur la demande des fondés de pouvoirs dans les affaires relatives aux défenseurs de la patrie, et des autres citoyens absents pour le service des armées de terre et de mer. Jamais mission ne fut mieux confiée ni plus honorablement remplie.

Avoué depuis le 8 novembre 1800 jusqu'en 1822; greffier du tribunal en 1814; membre du conseil municipal en 1820; défenseur éloquent de l'infortuné Bourgeois, qui lui dût en partie l'adoucissement de son sort; décédé à Saint-Omer le 6 janvier 1842.

François-Joseph Piers est né à Audruicq le 20 février 1769. De 1785 à 1789, il se distingua par de brillantes études au collége français de Saint-Omer. Il les continua à Douai avec le même succès. — Il commença par travailler comme surnuméraire dans l'administration de l'enregistrement, mais ses talents comme avocat le placèrent bientôt sur un théâtre plus élevé. — La révolution qui avait éclaté avec fureur dans l'Artois lui fournit diverses occasions de développer les ressources d'une éloquence digne des beaux jours d'Athènes et de Rome, et de signaler toute l'énergie de son courage et la noblesse de son âme. Il se trouvait alors chargé de différentes affaires, dont le but était de venger l'humanité outragée par un sanglant despotisme. — Implacable ennemi des jacobins, il fit déposer la liste de ceux qui avaient sollicité de l'infâme Lebon l'arrivée de la guillotine et obtint leur désarmement du conseil-général de la commune.—Alors Lebon, *le prêtre de l'Éternel*, écrivait au district de Saint-Omer le 19 novembre 1793 : « Ne laissez en liberté aucun riche, aucun homme d'esprit…. » C'était le temps des Duhem, des Bansel, des Turlure, et autres. Le grand *remède* invoqué, c'était la guillotine. «'Elle sera ici en pleine activité…. », disait-on en juin 1794; il avait été question de cent têtes par décade…… — Rédacteur d'une adresse contre Marat, Danton et Robespierre, il fut proscrit à cause de ses opinions généreuses après les journées dites du 31 mai et du 18 fructidor. — Il osa affronter le farouche Billaud-Varennes, et solliciter la réintégration du brave général Seroux, qu'il obtint plus tard. — Il anathématisa la *queue* de Robespierre, et en avril 1795, il fut l'un de nos commissaires envoyés près de la Convention pour obtenir des subsistances indispensables; il s'intéressa ensuite à la liberté des ôtages, et rendit à cette funeste époque de nombreux services aux Audomarois.

Son humanité envers le vieux poëte d'Açarq, alors que son art, comme membre de l'association bienfaisante des amateurs dramatiques, était généralement applaudi, a été célébrée par la muse de la reconnaissance. — Le savant M. Weiss a fait naître d'Açarq à Audruicq vers 1720; c'est une erreur. (Voir notre *Biographie de la ville de Saint-Omer*). — Greffier du tribunal civil du district le 31 août 1794, du département le 15 novembre 1795 et le 10 mai 1798, et de l'arrondissement le 26 juin 1800, emploi qu'il exerça toujours avec une capacité peu commune, il succomba le 17 janvier 1814 à une longue et cruelle maladie. — Jeune, il avait cultivé les muses avec éclat, et le recueil de ses poésies, dignement apprécié par ses amis, et dont quelques pièces parurent dans l'ancien *Journal des Modes* et autres publications du temps, ne serait pas encore aujourd'hui dénué de charme. (1)

Pierre-François-Louis de Lauretan, chevalier, né à Audruicq le 28 octobre 1745. Maire de Saint-Omer le 20 décembre 1787, ensuite commandant de la garde nationale, président du district de cette ville en 1790, il avait embrassé la cause de la révolution avec modération. — Ami des pauvres, il soulagea dans sa détresse la veuve de Monbailly. — Il eut bientôt à déployer toute son énergie envers une populace révoltée qui tentait de piller un bateau de grains. S'étant soustrait peu après par l'émigration au régime homicide de la terreur, il se trouvait à Ypres à l'époque de la retraite de ses compagnons d'infortune ; immédiatement après l'entrée des Français, il était sorti déguisé dans un chariot couvert, en vertu de la capitulation, mais étant imprudemment rentré dans la ville pour y reprendre des papiers importants qu'il avait oubliés, il se cacha d'abord dans une cave en attendant la possibilité de sa fuite, mais dénoncé par un misérable pour un assignat de deux cents francs, et traduit devant un tribunal militaire, il ne tarda pas à être condamné à mort le 7 juillet 1794. L'exécution eut lieu promptement, à la porte du temple. Debout comme Charrette, il commanda lui-même le feu avec intrépidité. Les capitaines Charles-Augustin et Marie-Isidore Vallour, natifs de Saint-Omer, ses dignes compagnons d'armes, partagèrent non moins bravement cette funeste destinée.

On trouve les armoiries de cette famille de Lauretan, si justement renommée dans le Brédenarde, dans un *recueil d'armoiries et d'épitaphes concernant la ville d'Arras*; feuillet 24, 1641, n.º 832 des manuscrits de la bibliothèque de Saint-Omer. — Ce nom se rencontre encore parmi les épitaphes de Notre-Dame de Saint-Omer.

Albert-Philippe-Valentin de Lauretan, né à Saint-Omer

---

(1) Voir *quelques souvenirs de la révolution à St.-Omer.* — *Variétés historiques sur Saint-Omer*, p. 224. — *Mémorial artésien*, n.º du 9 avril 1835. — *Notice historique sur la bibliothèque*, p. 66. — *Annales de Saint-Omer*, par Detheims.

en 1762, le 29 décembre, sur la paroisse de Sainte-Aldegonde, ancien chanoine, curé du canton d'Audruicq depuis 1808, décédé le 4 janvier 1837, a laissé un souvenir ineffaçable de bonhommie caustique et d'aimable philosophie.

Jean-François Dubrœucq, né à Audruicq le 15 août 1749, secrétaire de la commune de St.-Omer le 5 février 1790, juge du district, membre du conseil des Cinq-Cents, est décédé le 21 octobre 1826, l'un des plus savants conseillers de la cour royale de Douai.

Léonard-François-Ferdinand Dubrœucq, né à Audruicq le 2 juin 1749, y est mort le 29 février 1836. La mémoire de ce docteur en médecine doit être impérissable dans ce canton, à cause de ses rares connaissances, de son expérience introuvable, et de son constant amour de l'humanité. — « Que de consolations peut donner un médecin humain! » — Le docteur Devincq a de quoi marcher sur ses traces.

Jean-François-Nicolas-Marie Bachelet est né à Audruicq le 1.er avril 1742. — En 1771, il était avocat au parlement et en 1779, il fut nommé lieutenant-général du bailliage d'Audruicq. C'est à cette époque qu'il se rendit à Arras, où il fit prendre par les Etats d'Artois l'utile résolution de procéder au curage du canal de Calais.

En 1786, il fut compté au nombre des échevins de la ville de Saint-Omer, et devint mayeur du pays de Brédenarde.

Il fut ensuite juge-suppléant au tribunal du district, et procureur-syndic près ce siège en 1791.

En 1793, il était juge-de-paix. Alors il fut l'un des signataires contre Danton, Marat et Robespierre, mais il perdit son emploi et fut détenu comme suspect. Ayant été réintégré dans ses fonctions, il se montra très-utile dans une émeute de grains et préserva les biens de l'hôpital-général. Lorsqu'il signa l'adresse célèbre contre le triumvirat de sanglante mémoire, ses collègues voulaient atténuer son énergique protestation; « Je mourrai s'il le faut, s'écria-t-il, mais j'aurai fait mon devoir! »

Il refusa, en 1795, la place d'agent national, et, en 1797, il fut présenté comme candidat au corps législatif.

Après la suppression des tribunaux de districts, il siégea comme juge au tribunal de département, et exerça après le ministère de magistrat de sûreté. Alors il signala son zèle contre les prêteurs à la petite semaine.

En 1811, il fit partie du tribunal civil de cet arrondissement dont il fut l'un des ornements par son expérience éclairée et sa modération.

Dans les cent-jours, il s'est abstenu de signer l'acte additionnel. Depuis, il fut encore assesseur à la cour prévôtale.

En 1789, la ville de Saint-Omer ayant sollicité l'établissement du chef-lieu du département, il fut au nombre des commissaires désignés pour soutenir les intérêts de cette cité auprès de l'assemblée constituante. — Des constestations s'étant élevées entre cette commune et les communes de la banlieue, il fut un des délégués autorisés pour défendre les droits de Saint-Omer. Il fut nommé membre de notre conseil municipal le 8 mars 1815; il entra ensuite dans celui d'arrondissement.

Le 25 mars 1831, il fut décoré de la croix de la Légion-d'Honneur. — Il est décédé à Saint-Omer le 25 décembre 1835. Sa carrière a été longue et bien remplie. Il sût toujours exercer avec assiduité, courage et intelligence les honorables fonctions de magistrat. Il fut constamment bienveillant et généreux, et vit approcher la fin de son existence nonagénaire avec une sérénité d'ame exemplaire.

Louis-Jean-Baptiste-Hilaire Parent, né à Audruicq le 15 janvier 1767, combattit avec bravoure à la bataille d'Esling, où il fut blessé grièvement le 22 mai 1809, non loin du bouillant duc de Montebello. Il obtint ensuite sa retraite avec le grade de chef de bataillon, et la croix de la Légion-d'Honneur.

Florentin Dekeisère, est né à Audruicq, le 15 novembre 1791. Il fut substitut, puis devint juge au tribunal civil de Saint-Omer à l'epoque de la deuxième restauration. D'abord membre du conseil d'arrondissement en 1838, il fut vers la fin de l'annee suivante élu membre du conseil-général. — Il fait partie depuis plusieurs années de la commission littéraire de la bibliothèque publique de St.-Omer et a pour gendre, M. Dupont, procureur du Roi près le tribunal de cette ville. — Au commencement de 1838, il sauva la vie, sur l'un des chemins d'Arques, à une vieille femme qui était sur le point de se noyer. — Après s'être présenté sans succès aux suffrages des électeurs en 1834 et en 1837, il fut proclamé, le 10 juillet 1842, membre de la chambre des députés à une majorité de 273 voix contre 239. A la représentation nationale il a voté comme l'honorable M. Armand, maire de Saint-Omer.

Son père, qui descendait des mayeurs de Tournehem, était avocat au conseil d'Artois en 1786. C'était un ancien habitant d'Audruicq qui avait conquis l'estime générale par la générosité de ses sentiments et la solidité de ses principes conservateurs. Espérons que l'influence du nouveau député sera favorable au pays, et qu'elle contribuera efficacement à la diminution des impôts. — C'est à Audruicq que prend sa retraite le colonel Auguste-Juste Ravier, son beau-père. Nous avons, dans l'intérêt public, déploré cette retraite précipitée (*Feuille de Saint-Omer*, n.° du 5 mai 1832. L'*Indicateur de Calais*, n.° du 6 mai 1832). Simple commis au greffe criminel, le 23 février 1798, il est parvenu par ses talents à une haute dignité militaire. — Officier de la Légion-d'Honneur, et colonel de la 24.° légion de gendarmerie le 10 février 1823. Né à Calais le 8 mai 1773, il descend peut-être d'Edme Ravier, sergent royal, qui, après la prise de cette ville par les Espagnols en 1596, ne voulut pas demeurer plus longtemps avec les ennemis de sa patrie. « Ce généreux et vaillant Calaisien, dit l'histoire, refusa le serment et s'exila volontairement. » Il est beau et doux après avoir cueilli des lauriers dans la carrière des armes de se délasser de senombreux travaux au sein de l'étude et des vertus champêtres.

§. 9. — Résumé.

L'auteur recommandable du précieux et savant *Mémorial historique et archéologique du Pas-de-Calais* a dit, avec vérité, qu'il existait « une foule de communes qui ne rappellent aucun souvenir.... » Mais cette juste observation ne peut s'appliquer à Audruicq, qui a certainement de l'importance historique. — S'il ne s'y trouve encore aucun monument, puisque l'Hôtel-de-Ville, malgré le projet de 1839 qui admettait même une salle de spectacle, n'est toujours qu'un cabaret, il faut attendre patiemment quelque quart de siècle : alors les cités sont en train de se renouveler.

On écrit beaucoup maintenant, trop peut-être, mais pour l'histoire locale, on ne peut le faire assez, d'autant plus qu'aujourd'hui les plus longues investigations sur cette matière n'aboutissent en général qu'à *des résumés*.

Tâchons donc d'en retirer le plus de fruit possible, sans omettre même les faits réputés d'un ordre secondaire.

Sortie du sein des flots, s'élevant avec la puissance des comtes de Flandre, annexée au comté de Guines, propriété primitive de l'abbaye de St.-Bertin par la donation du comte d'Arques, *Walbert*, et long-temps prospère dans la mouvance des successeurs de Baudouin Bras-de-Fer, alliée étroitement avec la *Maison de Saint-Omer*, ce fut à la fin du douzième siècle qu'*Audruicq*, dont le château qui soutint plusieurs siéges ne fut pas sans quelque renommée, reçut le titre de *ville*. A cette époque, ses habitants furent tour-à-tour Flamands et Français, mais les mœurs de la Flandre s'y maintinrent de prédilection. Fixée à la domination française par les triomphes de Philippe-Auguste, dévastée néanmoins plusieurs fois dans les vicissitudes de guerres continuelles, elle fit ensuite partie du comté d'Artois.

Au treizième siècle, l'état d'Audruicq était à peu près le même. Si la première période de ce siècle a été funeste au pays de Brédenarde par des guerres opiniâtres, au moins la tranquillité y régna ensuite pendant une longue suite d'années; tout dépendait alors de la bonne ou mauvaise fortune du prince, les peuples en quelque sorte en étaient solidaires; « n'y a-t-il pas cependant assez de terre dans » l'univers, pour en donner à tous les hommes plus qu'ils » n'en peuvent cultiver? » Nous pouvons aujourd'hui, plus heureux que nos ancêtres, nous reposer avec sécurité à l'abri de la monarchie constitutionnelle, grave symbole de l'alliance favorable de l'ordre qu'apporte le pouvoir royal, et de la liberté que donne le pouvoir populaire. Après les journées de Crécy et de Poitiers, ce canton fut long-temps à la merci des Anglais, qui dans les conférences pour la paix, ne voulurent jamais écouter la moindre proposition relative à la remise de Guines et de Calais. Leurs excursions continuelles eurent des succès variés; mais l'humanité eut partout à gémir des outrages dont ils l'accablaient. La cause ordinaire des guerres est si méprisable que le récit étendu d'une bataille où tant d'hommes se déchirent pour les passions d'un homme, est souvent pénible et dégoûtant; sans doute, « le coup de canon dont » on refuse quelquefois d'appuyer une cause juste, tôt ou » tard on est obligé de le tirer dans une cause déplorable; » mais « la guerre est le seul jeu où les deux parties se » trouvent en perte quand il est fini. »

La ville d'Audruicq se trouva placée sous le pouvoir des

Valois par le meurtre du connétable de Nesle ; elle s'était rendue aux Anglais quelques années après la défaite de Crécy, et le traité de Brétigny l'engloba dans le *pays conquis.* La bannière bourguignonne y flotta à la fin du règne de Charles V et y resta attachée en vertu de la convention d'Arras. Le château tombant en ruines sous Charles VI, ce prince l'avait réuni au domaine. — Pris et repris par les Anglais, restant le plus souvent entre les mains valeureuses des Français, Audruicq se vit à la paix de Cambrai sous les lois de la maison d'Autriche. Sous le joug de Philippe II, cette ville repoussa aussi le Béarnais et suivit le sort de l'Artois à la paix de Vervins. Audruicq fut heureux, comme toute la province, sous le gouvernement généreux d'*Albert* et d'*Isabelle,* 1598—1621. « Il est si rare, ob-
»serve dom Dovienne, de voir des princes être plutôt les
»pères de leurs sujets que leurs maîtres, que l'histoire ne
»peut trop faire remarquer ceux qui ont mérité cet éloge.»

Audruicq céda après successivement aux partis français et espagnols qui se disputaient le Bredenarde. Enfin les armes victorieuses du petit-fils de Henri IV rangèrent à jamais cette cité sous le sceptre généreux des descendants de Saint-Louis ; et depuis lors cette belle contrée si souvent désolée par les désastres militaires, à l'exception de quelques escarmouches dans la campagne de 1710, jouit constamment des avantages de la paix.

Un écrivain célèbre disait naguère : « Une société en
»paix perpétuelle tomberait en pourriture...» Selon nous, c'est un sophisme : que deviennent donc souvent, même dans la guerre la plus équitable, sous des charges accablantes, la religion, les mœurs, la justice, et surtout les pauvres habitants ?

> « Mais dans ces jours exempts d'orages ,
> » Nous goûtons , sous de frais ombrages ,
> » Les doux plaisirs d'un long repos ;
> » Et le cris confus des batailles ,
> » O mon pays ! dans tes broussailles ,
> » Ne fatigue plus les échos ! » (1)

En 1814, au retour des Bourbons, d'après les sollicitations de M. Evrard-Ploye, alors maire, la chancellerie expédia à la ville d'Audruicq un beau titre d'armoiries sur vélin. Ces armoiries représentent un évêque que l'on dit

---

(1) *Voix politiques*, par Jules Péroche.

être saint Omer : nouveau titre de rapprochement sympathique avec les Audomarois.

Le château actuel, assis sur l'ancien castel féodal, a aussi une tourelle qui menace ruine ; son horloge ne va plus depuis long-temps ; la cloche aux armes des De Lauretan retentissait jadis dans le Brédenarde!... Le corps-de-logis, assez légèrement bâti, s'est élevé tout-à-coup en un mois, par les soins de Jean-Baptiste-Cyprien de Lauretan, dans le but de causer une agréable surprise à son épouse...

La respectable et bienfaisante veuve du dernier propriétaire, anglo-américain, Madame Collète, est l'unique habitante de ce lieu célèbre ; et maintenant le rossignol charme sans trouble son parc solitaire. « Cette maison est « vieille ; elle en sait long, quelque blanche et rajeunie « qu'elle soit ; bien des siècles y ont vécu ;... » et l'on a vu que tous y avaient laissé quelque chose. Aujourd'hui, « que vous la distinguiez ou non, la trace reste, n'en « doutez pas, » a dit M. Michelet en parlant des traditions antiques.

On ne saurait trop applaudir aux invitations récentes du préfet du Nord, de placer dans les édifices publics de chaque commune un tableau indicatif des faits mémorables et des hommes utiles ou célèbres. Puissent les *événemens historiques* et la *biographie* des petites histoires de nos cantons aller au-devant de semblables mesures dans notre département !

~~~~~~~~~~~~~~~~

GUEMPS.

Guemps est à 32 kilomètres nord-ouest de Saint-Omer. Ce lieu, qui n'est en quelque sorte qu'un *marais vuide*, puisque l'eau y séjournait encore, dit-on, avant 1347, est baigné par le canal de Saint-Omer à Calais, et celui de Marck arrose son sol uni et aquatique. Le nom de Guemps paraît provenir du mot celtique *Guimp*, écluse, ou de l'anglais *Guempt* : *empti vuidé*. — Au commencement du douzième siècle, l'abbaye de Notre-Dame-de-la-Capelle était propriétaire de son église. Dans le siècle suivant, les moines de Licques y possédaient des propriétés ; ce qui résulte d'une charte d'Adam, évêque de Thérouanne, en 1223 ; et une autre charte du même prélat, de 1231, porte que Jean Dumoulin a donné à l'église de Licques une mesure et demie de terre en la paroisse de *Ganep en Calaisis*. Il est question aussi dans ces temps-là du prêtre Arnould de Guemps. — Ces donations sembleraient toutefois faire croire que le pays n'était pas un marais désert et aussi inondé que des auteurs l'ont prétendu avant l'arrivée des Anglais. Ceux-ci, après la conquête de Calais, établirent, sur le territoire de cette commune, deux forts, *le fort Brûlé* et *le fort Rouge*; mais deux siècles ensuite, lors de leur expulsion, ces petites forteresses, déjà détériorées, finirent par tomber dans un tel état de dégradation que leur réédification complète fut jugée nécessaire en 1642. Un troisième fort fut en même temps érigé au pont de Guemps et on lui donna le nom de *Fort-Louis*. C'était pour augmenter la sécurité du canton contre les courses continuelles des garnisons espagnoles de Gravelines et de Bourbourg.

Le 27 juin 1642, un enfant découvrit par hasard un corps nombreux d'Espagnols qui s'étaient mis en embuscade près de Guemps et d'Offequerque pour piller les villages du Calaisis pendant que les paysans sortaient de toutes parts pour travailler aux fortifications de Calais, sous la direction du marquis de Gesvres, maréchal-de-camp. Le tocsin rassembla bientôt les villageois épars; ils tombèrent avec furie sur la troupe espagnole qui se dispersa après une faible résistance et chercha son salut dans la fuite; mais une assez grande partie de ces maraudeurs fut impitoyablement massacrée.

Vers la fin de la guerre de trente ans, les forts tombèrent successivement au pouvoir des Espagnols. Celui du pont de Guemps, attaqué par Francisco de Mélo avec de l'artillerie, et défendu par le brave Panesis, fit une résistance opiniâtre. C'était en 1643, le 18 août, l'année même de Rocroi; le capitaine français, plein d'héroïsme, voyant toutes ses munitions consommées et le mur du fort près de s'écrouler après avoir essuyé plus 500 coups de canon, obtint enfin de l'ennemi, qui avait éprouvé une perte considérable, une capitulation avantageuse et sa sortie avec les honneurs de la guerre.

Le fort Rouge retomba peu de mois après sous la puissance française. Le gouverneur d'Ardres s'en empara après un siège de quelques heures, et les deux autres suivirent aussitôt cet exemple. La prise de Gravelines, en 1658, rendit la paix au Calaisis et fit cesser toutes les excursions des garnisons.

Lorsque Louis XIV se fut rendu maître de l'Artois réservé, en 1677, ces forts furent totalement rasés. — Ils figurent sur les belles cartes de la bibliothèque royale, mais l'on en cherche aujourd'hui avec peine, malgré la tradition de leurs noms, les traces sur le terrain même. — Çà et là sont encore quelques débris dont l'origine est sujette à contestation. On croit encore reconnaître sur les terres ci-devant occupées par Constantin Bacquet les traces des fortifications du fort Rouge.

Le 9 mars 1840, la maison du nommé Blangy fut incendiée à Guemps.

L'église de Guemps, décorée en 1747, est dans un état assez déplorable puisqu'une fouine a pu naguère y occasionner des dégâts notables. Elle est sous le patronage de saint Jean-Baptiste.

Une partie de la commune est couverte d'eau par suite de l'extraction des tourbes, mais les terrains livrés à l'agriculture doivent d'importantes améliorations à l'institution des wattringues. — Les chemins vicinaux de Guemps laissent à désirer sous le rapport de leur entretien. Le chemin de grande communication des Attaques, au bas de Saint-Folquin, est en voie d'exécution.

On comptait à Guemps, en 1715, 87 maisons; en 1807, il y en avait 106; il s'en trouve aujourd'hui 133. Sa population actuelle est de 743 habitants.

Les électeurs municipaux sont au nombre de 74, et pour la nomination du député, de 11.

Cette commune, dont la superficie est de 1440 hectares, a pour maire M. Waguet, et pour desservant M. Tilliez. Sa kermesse a lieu le dernier dimanche du mois d'août.

NORDQUERQUE.

Nordquerque tire son nom du flamand *Kerq*, église, et de sa situation au nord; *Nord Kerq*, c'est-à-dire église au nord. Sa distance de Saint-Omer est de 27 kilomètres nord-ouest. Ce territoire a été long-temps un vaste marais tourbeux, et sujet à des inondations. La partie haute est agréablement boisée, et celle basse est bordée par le canal de Calais. Les progrès de l'agriculture ont fait insensiblement disparaître des fossés, des canarderies, des landes et des espaces long-temps incultes.

Il est question de Nordquerque dès le douzième siècle....

Les Français, lors des entreprises de Henri IV sur l'Artois, pillèrent son église en mars 1595.

Dans la nuit du 14 au 15 janvier 1808, il y eut un débordement du canal de Calais qui occasionna une grande inondation, la perte pour Nordquerque fut de 6,000 fr.

Le 9 mai 1835, l'habitation du nommé Darcy fut brûlée par le méfait d'un chat, *improba felis*.

Le clocher de Nordquerque avait été renversé dès avant la révolution de 1789, et pendant trop long-temps le service divin fut célébré dans un asile mesquin et peu digne de ses solennités. On pétitionna plusieurs années pour obtenir une reconstruction indispensable; enfin, on mit la main à l'œuvre dans l'été de 1837, et au commencement de décembre 1838, époque de la consécration du nouveau temple, l'abbé Orain y prononça le discours d'ouverture avec un succès remarquable devant un auditoire immense.

Il n'y a pas de tour à la nouvelle église; et elle est aussi dépourvue de sacristie. Toutefois elle ne manque pas de fraîcheur, et d'ornements de bon goût. On y remarque principalement le tabernacle et quelques gracieux petits tableaux. Cette église est sous le patronage de saint Martin. Elle a été comblée de bienfaits par la pieuse et respectable famille d'Artois, qui habite aujourd'hui le château de Nordquerque. Le fronton est décoré d'une inscription qui rappelle le souvenir honorable de ses fondateurs.

C'est une sage mesure de reconnaissance publique avec laquelle on ne saurait trop sympathiser.

Une pierre provenant de l'ancienne église a été déposée au musée de Saint-Omer, mais il est difficile d'assigner une date certaine à cet antique débris. — Le presbytère est de 1753. — Le pasteur actuel est le petit-neveu du vénérable doyen de Notre-Dame de Saint-Omer, feu M. Coyecque, et il se montre digne de cette glorieuse parenté.

Les habitants de Nordquerque n'ont pas encore oublié M. Duhamel, desservant de cette commune dans les premières années de notre siècle, et ils se souviennent surtout de l'excellent abbé Bernard-François-Joseph Ducrocq

Après avoir passé fort tranquillement de longues années dans la commune de Nordquerque comme simple desservant, et retrouvé ensuite momentanément le calme de la vie champêtre dans l'agréable commune de Saint-Martinau-Laërt, M. Ducrocq fut appelé à diriger l'importante paroisse de Saint-Sépulcre, à Saint-Omer, pendant cette année funèbre où les *Audomarois* attristés se virent successivement enlever par la mort leurs trois vertueux curés. Il remplaçait à peine son frère, lorsqu'il fut chargé de procéder à l'installation du successeur de M. Deron.

On se retrace encore avec attendrissement cette démarche patriarchale de ce bon vieillard à cheveux blancs. Accablé bientôt après d'infirmités toujours croissantes et ne respirant plus que pour la charité et le service de son saint ministère, il languit péniblement, mais avec résignation jusqu'au 24 mars 1835, où il s'endormit enfin, avant d'avoir atteint l'âge septuagénaire, du doux sommeil des justes ; il laissa sans contredit un nom chéri et vénéré, qui rappellera souvent quelques actes de bienfaisance, tant à St.-Omer que dans le canton d'Audruicq. L'artiste habile qui a si heureusement gravé le portrait de l'abbé Deron mourant, a également reproduit les traits de l'abbé Ducrocq, qui, dans ses derniers jours, s'était prêté de lui-même avec une complaisance touchante à faciliter une œuvre méritoire, qui arrache des souvenirs consolateurs à l'oubli si mobile (1).

Le vénérable M. Marquant, ancien desservant de Serques, décédé à Saint-Omer en août 1842, à l'âge de 87 ans, était natif de Nordquerque.

Philippe-Antoine-César Dauchel, vicomte de la Palme, issu d'une ancienne famille, originaire des Pays-Bas, est né à Nordquerque le 15 juillet 1752. — Il y est décédé le 10 mai 1837. Une humble épitaphe décore sa tombe dans le cimetière.

Entré aux pages en 1766, il s'appliqua avec ardeur aux sciences exactes, et obtint le grand prix d'encouragement que Louis XVI daigna lui remettre, de sa propre main, dans une visite à l'école. Il continua la carrière militaire, parvint à un poste supérieur dans les gardes-du-corps, et ne quitta Versailles et l'infortuné Monarque qu'à regret et le plus tard possible.

Malgré son adhésion aux réformes sages et progressives, il fut un des premiers arrêté dans notre contrée à l'époque de la terreur, et plongé dans les cachots de la citadelle de Calais : sur le point de perdre la vie avant la chûte du sanguinaire Robespierre, il n'échappa à la fureur de l'oxé-

---

(1) Ce portrait est en la possession de l'ex-notaire Roëls, son neveu.

crable Lebon que par la fermeté héroïque des habitants de la ville d'Eustache de Saint-Pierre. Rendu à la liberté, il fut persécuté de nouveau après la journée dite du 18 fructidor et obligé de se cacher.

Sous l'empire, le vicomte Dauchel fut l'un des trois députés du Pas-de-Calais au Corps-législatif. Il s'y fit remarquer par la modération de sa conduite et la sagesse de ses vues. — Dans la vie privée, il se livra avec un nouveau zèle à l'étude des mathématiques; les mémoires de l'académie des sciences et diverses encyclopédies attestent ses travaux importants sur le calcul intégral et les mathématiques élémentaires ou transcendantes.

Carnot lui fit en vain des offres séduisantes pour l'attacher au corps des ingénieurs militaires.

L'ingénieur Cordier le consulta souvent avec utilité, et son rapport sur l'amélioration des digues de Sangatte reçut des éloges unanimes.

Il passa dans le département comme le régénérateur de l'institution des wattringues, et, comme membre ou président de cette administration, il a rendu au canton d'Audruicq des services signalés. Les travaux d'amélioration ou de perfectionnement étaient souvent entrepris à ses frais.

Assurément, le vicomte Dauchel a laissé le noble exemple des mœurs les plus austères, et du désintéressement le plus absolu. — L'un de ses petits-neveux, M. Edmond Dartois, a publié récemment une brochure intéressante sur la navigation et les limites de quelques parties de ce territoire.

La superficie de Nordquerque est de 1282 hectares. — Les deux ponts que l'on y construisit coûtèrent 3,270 fr. — En 1807, on y comptait 210 maisons et 1151 habitants. — D'après le dernier recensement, sa population est de 1222 âmes. Le nombre de ses maisons est aujourd'hui de 225. Electeurs pour le député 10, pour le conseil municipal 113. Le maire est M. Lambert, le desservant M. Wilquin. Sa kermesse est fixée au 1.er dimanche de septembre.

NOUVELLE-ÉGLISE.

Nouvelle-Eglise est situé à 35 kilomètres nord-ouest de Saint-Omer. Ce petit village, contigu à la rive droite du canal de Calais, paraît être aussi d'origine anglaise, c'est-à-dire qu'il n'en a été sérieusement question qu'après la prise de Calais. Le fort Bâtard, qui ne manque pas de célébrité dans les annales du pays, était élevé précisément à l'endroit où se trouve aujourd'hui la ferme d'Adonis Mercier. — Un pont tournant récemment construit, malgré d'insipides tracasseries et après quarante années de sollicitations, facilite actuellement les communications des deux rives. Il est assurément joli et très coquet, mais bâti assez légèrement. — On a cru reconnaître sur l'emplacement de Nouvelle-Eglise, près du pont dit de Guemps, les restes de quelque ancienne forteresse, mais rien de certain n'a été établi à ce sujet. Le marais à ce qu'il paraît contient de la tourbe, mais qui n'est pas exploitée.

L'église de Nouvelle-Eglise, qui est placée sous l'invocation de Notre-Dame, a été fondée dans le neuvième siècle, et ce n'était toutefois alors qu'une chapelle fort délabrée. Un prêtre nommé Degrez fit des quêtes abondantes, tant dans le Boulonnais que dans le Calaisis, et trouva, surtout dans quelques maisons nobles, les ressources nécessaires non seulement pour la réparation de la chapelle, dont les vestiges sont encore reconnaissables dans l'ensemble de la construction, mais même pour l'édification de l'église actuelle, alors *nora ecclesia*, laquelle vient d'obtenir des réparations convenables.

On remarque dans l'intérieur de cette église un petit monument élevé en l'honneur de l'abbé Degrez, son ancien fondateur.

Un caveau, surmonté d'une croix en fer, existe dans le cimetière pour y recevoir les restes de la respectable famille Degrez.

Dans le douzième siècle, Goswin était sire du lieu, et Thomas, l'un de ses successeurs, était chevalier en 1243. — Un bailli fut établi en 1301 à Nouvelle-Eglise, et, en 1693, l'abbaye de Saint-Bertin y avait un droit sur la seigneurie de *Disjoen*. — Ce lieu est désigné sous le nom d'*Hereweghe* dans des lettres d'Edouard III.

On comptait à Nouvelle-Eglise 40 maisons en 1715, 52 en 1807 et aujourd'hui 65.

Sa population qui en 1807 était de 356 habitants, n'est actuellement que de 351 âmes. Electeurs municipaux 35, pour le député 10.

Sa superficie est de 856 hectares. La kermesse est fixée au deuxième dimanche de juillet.

Le maire est M. Degrez; le desservant M. Hochart.

OFFEQUERQUE.

Offequerque, distant aussi de St.-Omer de 35 kilomètres nord-ouest, est un nom composé des mots flamands *oft*, chef, *kerq*, église, c'est-à-dire église principale, ou la plus ancienne de son canton. On fait aussi dériver la première partie de ce nom du latin *hofa*, métairie. — Jean d'Offequerque était un des compagnons de Godefroi de Bouillon.

Au commencement du douzième siècle, ce n'était qu'une ferme bâtie dans le marais, *Hove*; l'endroit acquit de l'importance et on y construisit une église. En 1513, Henri VIII accorda au chevalier Wallop le patronat de la paroisse d'Offequerque. — Dans le seizième siècle, peu de temps avant la reprise de Calais, la reine Marie d'Angleterre avait désigné Antoine Wharton comme curé d'Offequerque. — L'église, qui date de 1617, est sous le vocable de sainte Marie-Madelaine.

On voyait jadis d'assez grandes ruines sur le territoire de cette commune, qui est également baignée par le canal de Calais et dont le sol est aussi marécageux que les autres villages du Calaisis. — Néanmoins la culture de l'avoine y obtient du succès. — La commune est traversée par le chemin de grande communication n.° 42.

Il y avait en 1715, 83 maisons à Offequerque, en 1807, 110; et maintenant ce chiffre est de 111.

Sa population en 1807 était de 446 âmes; aujourd'hui elle est de 609 habitants. — Sa superficie est de 1263 hectares. — Sa kermesse est fixée au dimanche après le 22 juillet. — Le maire est M. Muchery; le desservant M. Ledoux.

OYE.

« Il y a dans l'air de la patrie je ne sais quel parfum,
» quelle saveur qui nous y retient ou qui nous y rappelle.
» Chacun de nous se persuade volontiers que sa ville est
» la plus belle de toutes, que son village surpasse les
» autres par la fertilité des champs ou la beauté des sites.»

(Discours du Dr Leglay à l'Association lilloise, 1842.)

Oye est un des lieux les plus célèbres de la Morinie. Son nom remonte à la plus haute antiquité. — D'après

Malbrancq, Oye est un dérivé du latin *ganza*, synonyme d'*anser*, oie. — On trouve les dénominations de *Ancia*, *Anseria*, *Iloya*, *Oya* dans de très-vieilles cartes et dans le savant ouvrage d'Adrien de Valois. — Ganzord : terre d'Oye. — *Pagus ociensis*, Basse-Picardie. Les Morins conduisaient à pied, selon une infinité de traditions, de nombreux troupeaux d'oies à Rome, où ils les échangeaient contre des platanes. Les beaux vers de Virgile doivent être ici rappelés :

Atque hic auratis volitans argenteus Anser
Porticibus Gallos, in limine adesse Canebat.

« On reconnait l'oiseau, sentinelle de Rome..... »

Un autre grand poëte, Byron, reprochant à cet oiseau d'être inconstant par sa nature, a traité de *plume d'oie* un versatile écrivain, et n'a pas craint d'assimiler la société à une oie sauvage. — On dit que lors de la résidence de saint Maxime, à Wismes, son fermier vint le supplier de trouver quelque moyen de garantir ses récoltes du passage dévastateur de ces voraces oiseaux. Il y a tout lieu néanmoins de penser que cet oiseau était jadis bien moins commun et relativement beaucoup plus cher qu'il ne le fut en France depuis le seizième siècle. Nous lisons ce passage dans l'introduction à l'*Histoire de toutes les villes de France :* « La preuve que la gent oisonne abondait dans ces contrées, c'est que le village d'Oye, en roman celtique *Auca*, le village d'oison, *Aucia*, la terre d'oie, *Pagus Aucensis*, dans le voisinage de Calais, *Auchi* près Hesdin et plusieurs autres, ne peuvent venir que du mot *auca*, dont les Gaulois et les écrivains de la basse latinité, sous la plume desquels reparurent quelques débris du celtique, se servaient pour désigner l'intéressant volatile qui nous occupe et qui faisait la richesse des Morins. » L'auteur a ajouté : « Outre ce commerce d'arbres et de *dindons....* » Nous sourions encore au souvenir du courroux de maints antiquaires méticuleux parce que le noble oiseau, sauveur du Capitole, avait été inconsidérément comparé au trivial coq d'Inde ; et cependant dans cette fameuse terre d'Oye, que nous avons récemment parcourue, malgré ses larges fossés et ses prairies fertiles, nous n'avons aperçu qu'une volée d'oies et beaucoup de dindons. Le goût des antiquaires n'est pas dominant dans le canton.

Autrefois le comté d'Oye était sous l'eau. La mer baigne encore ses bords. — Le titulaire était l'un des douze pairs du comte de Flandre.

L'histoire d'Oye sous les Romains est fort peu connue, et les ravages des Normands commencent à révéler son existence. Ces barbares après avoir dévasté la Morinie, en 844, se retirèrent par la crique d'Oye qui formait l'ancien port de Ganze ou Ganzord, et l'on pense qu'ils revinrent par ce port lors de leur cruelle invasion de 881. — En 861, Oye faisait partie du comté de Boulogne, et l'on y voyait une petite chapelle sous le patronage de saint Servat. Les moines de Saint-Bertin à qui appartenait ce territoire ne tardèrent pas au reste à en récupérer la possession après la retraite des Normands. — En 1121, il y avait une bergerie à Oye qui s'étendait jusqu'à la mer; elle avait été accordée par Eustache, comte de Boulogne, et Robert II, comte d'Artois, en avait confirmé l'établissement en mai 1269. En novembre 1165, Thomas Becket chemina à travers le village d'Oye pour gagner le refuge assuré de l'abbaye de Clairmarais. Au commencement du treizième siècle, les vicomtes d'Oye étaient des seigneurs puissants. En 1210, Henri vendit 26 mesures de marais à l'abbaye de Notre-Dame de la Capelle, et, en 1213, Oye fit partie de la dot de Mahaut, fille de Renaud, comte de Boulogne, laquelle épousa Philippe de France. A cette époque l'on fabriquait du sel à Oye, puisque le vicomte en fit don de quatre mesures, l'an 1215, à l'abbaye d'Andres. — En 1213 et en 1227, Ferrand, comte de Flandre, fit diverses irruptions sur le Boulonnais et le Calaisis qui occasionnèrent de grands dommages à la terre d'Oye. Après ces événements, le vicomte d'Oye s'établit à Gand et ses ancêtres occupèrent dans cette ville les hautes places de la magistrature. En 1347, Martin d'Oye éprouva le désir de rentrer dans ses anciens domaines et de revoir sa patrie, mais ses réclamations n'eurent aucun résultat. — Après la conquête du Calaisis, Oye fut érigé de nouveau en comté par Edouard III, mais avec une nouvelle circonscription. Ses six paroisses étaient en deçà du fort Bâtard : Oye — Guemps — Offekerque — Nouvelle-Eglise — Vieille-Eglise, puis Marck. — Raoul de Ferrers avait le commandement du château d'Oye en 1358, et le traité de Brétigny en assura la possession à l'Angleterre. Les lettres de cession du roi Jean sont datées du 26 octobre 1360. — On croit qu'Oye se soumit à l'exemple d'Audruicq, en 1377, à Philippe-le-Hardi, duc de Bourgogne. Cependant en 1391, les Français redemandèrent Oye avec insistance, mais le duc de Glocester s'écria : « Ni ja à la paix tant que je vive je ne m'accorderai. » — Le traité de Troyes avait consolidé la puissance anglaise dans cette contrée; le duc de Glocester visita Oye en 1435, mais en juin 1436, Philippe-le-Bon, pendant son expédition contre Calais, fit emporter le château après une résistance déséspérée de la garnison. Elle était composée de 54 fantassins qui furent pendus: exécution déshonorante pour le vainqueur. Ensuite, « le chastel fut ars et bruslé, et du tout démoli. » — Les conférences pour la paix avec l'Angleterre commencèrent à Oye en 1439; alors on vit dans cette petite ville la somptueuse cour de Bourgogne, Charles d'Orléans et le célèbre Dunois. — On pense que Marguerite d'Anjou traversa le pays d'Oye, en avril 1444, pour aller tenir le sceptre sanglant des Lancastre. Une charte de Henri VI, du 2 août 1448, accorde quelques dîmes à Guillaume Kilburne, curé de Saint-Médard, à l'effet de prier pour les chevaliers anglais qui avaient succombé devant Calais, le siècle précédent. — En 1522, le duc de Suffolk vint camper à Oye. — Les Anglais avaient relevé l'ancien château, ouvrage présumé des Romains, détruit par les Normands et saccagé de nouveau par le comte de Flandre et les ducs de Bourgogne.... En 1545, le maréchal du Biez, qui avait tenté d'enlever à Henri VIII son éphémère conquête de Boulogne, se porta vers le comté d'Oye.... Les Anglais en tiraient alors les vivres et les fourrages pour leurs garnisons du voisinage; c'était un canton très-fertile et riche en pâturages; et comme leurs troupes y séjournaient, ils avaient eu la précaution de l'entourer de lignes de défense et de plusieurs redoutes. De grands fossés, ordinairement pleins d'eau, avaient été creusés, et le château avait été flanqué de deux vastes bastions. Enfin, l'ennemi était parvenu à y établir des quartiers pour 10,000 Lansquenets et 4,000 chevaux. « Oye était alors, dit le grave historien de Thou, une ville considérable; » et sa plaine était le champ de bataille des partis opposés. Montluc emporta la principale redoute et la garnison qui était nombreuse fut passée au fil de l'épée. En vain les Anglais de Calais s'empressent d'accourir, le comte de Brissac les défait complétement et Tavannes s'empara d'un butin considérable avec une multitude de prisonniers. Tout fut ensuite brûlé à l'entour, mais une pluie affreuse changea le terrain en un marais impraticable et força à la retraite les Français qui n'en stationnèrent pas moins sur les diverses limites du pays. Ce fut, selon une version, à cette prise d'Oye que le vaillant François de Guise reçut au visage le fameux coup de lance dont la cure porta aux nues la réputation d'Ambroise Paré. — Calais étant enfin rentré sous la domination française, nos braves soldats vinrent goûter un doux repos dans la terre d'Oye ; et tout ce pays ne forma plus alors qu'un fief mouvant du roi seul. Henri II passa par Oye lorsqu'il alla visiter la brillante conquête du duc de Guise, mais celui-ci jugea à propos d'opérer la destruction de la forteresse qui avait si souvent recélé les aventuriers ennemis. Il existe un *Discours de la réduction de Calais et du comté d'Oye*, par P. D. T. A. Lyon, 1558. — Après la perte de la bataille de Gravelines, les Français firent transporter à Oye une partie de leurs morts de distinction. — En 1595, les maraudeurs des garnisons voisines enlevèrent la plupart des bestiaux du pays ; et, repris par les Espagnols l'année suivante, Oye, qui nous avait été laissé par la paix du Câteau, fut encore rendu à la France par le traité de Vervins. — Ensuite, pendant plus d'un demi-siècle, ce pays devint le théâtre de combats acharnés entre les Espagnols et les Français ; ils s'y firent long-temps une guerre de partisans. La campagne entre Gravelines et Oye était entièrement nue et rien ne pouvait s'y passer d'inaperçu. — En mars 1638, une flotte espagnole parut en face d'Oye et se dirigea ensuite vers Mardick. — Le vieux château ayant été rétabli par les soins du comte de Charost, fut pris, en 1642, par Cantelme, général espagnol, et succomba l'année suivante devant le marquis de la Ferté, qui fut soutenu à propos par une escadre hollandaise. — Les Français bâtirent alors le fort d'Aigue ; Mello s'en empara, mais Gassion l'eut à son tour. Ce dernier prit possession de cette terre, le 23 octobre 1645, au nom du Roi. En vain, en 1654, les Espagnols y élevèrent un fort en terre, le comte de Charost le fit renverser. — En 1657, ce fut un laboureur d'Oye qui fit avorter les projets du grand Condé sur Calais ; ce brave paysan vint en toute hâte avertir le gouverneur que des troupes ennemies sortaient de Vieille-Eglise et avaient jeté un pont sur le Dracq. — Enfin tous les forts qui couvraient la contrée furent démolis en 1677, après son retour définitif à la couronne. — La rue du fort Bâtard est maintenant le chemin de grande communication d'Audruicq à Oye.

La terre d'Oye avait peu d'importance avant son occupation par les Anglais ; alors écluse, digue, forts, furent construits. — L'écluse fut rééedifiée en 1560. — C'est de 1630 qu'il faut dater l'accroissement de la paroisse, par la digue que fit élever alors le marquis de Valençay, gouverneur de Calais, pour arrêter le débordement de la mer qui allait, dit-on, jusqu'à l'église. — Sous Louis XIII, le fort de cette écluse occupé par les Espagnols tomba, le 19 octobre 1634, au pouvoir de détachements des garnisons françaises de Marck et de Calais. — L'écluse avait été établie à l'extrémité orientale de la rivière, coulant de l'est à l'ouest et venant aboutir à celle du Houlet à Marck, qui, navigable dans toute son étendue, sert au desséchement des terrains adjacents. Une infinité de watergands et de fossés d'écoulement, entretenus par l'association des wattringues, sillonnent cette commune et contribuent à son assainissement. — Les digues furent nouvellement rétablies en 1736. — En juillet 1768, le curage de la rivière d'Oye fut effectué depuis le moulin d'Offequerque jusqu'à l'Aa, et l'on procéda à la réparation de l'écluse dite Philippe Hénon, depuis si long-temps négligée. — En février 1068, l'abbé Gérould ayant fait naufrage avec sa suite au gué de Werèthe, à Fréthun, se rendit à Oye pour se rétablir de cette mésaventure.

La rupture de la digue de Sangatte en 1614 occasionna au pays d'alentour un préjudice considérable. La mer entra dans Oye en 1736, après une tempête extraordinaire. Pendant ces calamités, la population du canton allait processionnellement implorer le secours de Notre-Dame de Boulogne. — Lors du débordement extraordinaire de la mer, le 15 janvier 1808, la commune d'Oye éprouva une perte de vingt-trois mille francs. — Depuis 1841, des signaux de jour et de nuit y sont établis pour la sûreté des voyageurs.

Depuis un siècle, la mer se retire insensiblement des rives occupées primitivement par les *Calètes* et les *Oromansaci*, et il est au reste bien avéré que « il n'y a point de rivage que le temps n'ait éloigné ou rapproché de la mer. » — Toutefois, les naufrages ne sont pas encore rares sur les côtes d'Oye : le 17 avril 1838, à neuf heures du matin, la barge norwégienne *Frit-Jofl*, capitaine Mareussen, fut submergée devant les Grandes-Hemmes; tout l'équipage périt « à l'exception du capitaine et du second, sauvés » miraculeusement par Henri Butez, cultivateur à Oye. » Cet intrépide jeune homme, monté sur un cheval blanc, » allait à la nage et au milieu des plus grands dangers les » arracher à une mort certaine.... » Ce désastre fournit à Francia une des plus belles, une des plus vigoureuses aquarelles sorties de son pinceau; Francia, ce grand peintre de marines, au cœur élevé, au pinceau noble et fécond (1). — Le 10 mars 1842, un autre bâtiment vint également s'abîmer vis-à-vis des Hemmes. Une immense quantité de café était répandue sur le rivage et les habitants imitèrent un peu en cette circonstance la conduite de ceux des Orcades à l'égard du bagage du *Pirate*, que la mer semblait avoir épargné avec peine.

La petite ville d'Oye, proche de la place dite jadis Hostercq, avait des franchises communales. — En 1484, les habitants de Marck et d'Oye furent dédommagés d'un terrain qu'on leur avait enlevé et qui était appelé Brook et North-Brook. C'est un fait remarquable que dans l'acte de concession les habitants de Marck et d'Oye sont désignés comme des hommes libres. — En 1577, Henri III leur accorda à titre de communes une immense partie de terrain, à la charge formelle d'entretenir les bancs et les digues de la mer. — Il ne reste plus à Oye aucunes archives, et l'on sait que les titres originaux de Saint-Bertin furent consumés jadis dans plusieurs incendies. Les Anglais pendant leur occupation détruisirent tous les titres des anciens seigneurs. — L'Angleterre fabriquait depuis 1347 la monnaie d'Oye à son type anglais, à Calais. — Guillaume d'Oye, cinquantième abbé de Saint-Bertin, signa en 1264 l'acte de l'ouverture de la châsse de saint Omer ; il décéda le 26 septembre 1271.

Dans le seizième siècle, le pays d'Oye passait encore pour être très-marécageux, mais très-abondant en fourrages. Selon nos *Annuaires*, « l'humidité du sol et la mauvaise » qualité des eaux rendent ce canton peu salubre. Les » fluxions de poitrine, les fièvres putrides, bilieuses, in-» termittentes et les affections catharales y sont fréquentes. — « Les territoires d'Oye et de Vieille-Eglise sont les » moins fertiles du canton. » Ces opinions datent déjà de plus d'un quart de siècle, mais elles doivent subir aujourd'hui une favorable modification depuis les progrès étonnants de l'agriculture, dus surtout aux inappréciables bienfaits de la paix. Les prés y sont toutefois encore de médiocre qualité.

---

(1) Mémoires de la Société d'Agriculture de Calais. — Gazette de Flandre et d'Artois, n.º du 29 juin 1839. A la fin du siècle dernier, le ministre de l'intérieur avait résolu de recueillir et de réunir en un seul corps d'ouvrage toutes les belles actions civiles pour servir de pendant au Recueil des belles actions militaires. Puisse ce projet philanthropique recevoir enfin une large et juste exécution !

La cure d'Oye, du diocèse de Boulogne, avait jadis de grands revenus. L'église est sous le vocable de saint Médard et a été construite en 1553. On aperçoit dans l'intérieur, évidemment trop étroit pour l'importante population, un vaste baptismal en grès très-ancien, de belles sculptures, un riche maître-autel, un christ de grandeur naturelle, bien sculpté, un tableau représentant saint Charles Borromée et quelques charmants modèles de navires, pieuse signification du voisinage de la mer. Aux côtés latéraux de la nef, se trouvent deux files de pupitres dont la location ingénieuse est d'un utile rapport. Le monument religieux apparaît lourd, vieux, chargé de sa tour gothique. Cependant cette flèche octogone qui n'a qu'une demi brique est imposante et mérite l'attention par sa hardiesse. Elle fut frappée de la foudre en 1823 vers son extrémité, et restaurée l'année suivante. La galerie, large ceinture, servait à la défense du fort. L'escalier en limaçon qui conduit à une tourelle est un chef-d'œuvre de construction. En 1568, il y avait à Oye une chapelle dédiée à saint Pierre. — La tombe de M. Noël est la plus distinguée du cimetière. — Celle de l'ancien curé Hansquerque, bienfaiteur de la paroisse, est toujours l'objet d'un culte reconnaissant.

Il y a à Oye une fort belle mairie et trois écoles communales. Les pauvres qui négligent d'y envoyer leurs enfants sont privés des secours du bureau de bienfaisance.

On découvre encore à Oye les vestiges de l'ancien château, battu jadis par les flots de l'Océan et d'où l'on se précipitait sur la mer orageuse ; ce sont des débris de démolition, des caves... L'on y a trouvé, il n'y a que peu d'années, en creusant le sable le long de la route, des médailles, d'antiques armures, et des ossements d'hommes et de chevaux. — Un incendie éclata dans un fournil le 30 novembre 1841. — Une chaumière fut brûlée le 21 octobre 1842.

Oye est une des communes les plus jolies, riches et étendues du département. Elle est traversée par la route royale de Calais à Dunkerque. Elle est tout-à-fait digne de captiver les méditations des antiquaires. — Là, près de la mer, est le bois précieux de M. Hubert-Degrez, à qui la députation fut offerte en 1834 ; ici le curieux parterre de M. Dubois, plus loin la demeure de M. Gressier, antiquaire recommandable. — Arrivez au pont d'Oye, et vous pourrez à l'aspect de cette enseigne de cabaret: « Au petit Morrien (c'est un nègre..... « l'art de dessiner précéda sans doute l'art d'écrire; » a dit Voltaire), *jambarque au vaisseau français....* » Vous pourrez vous retracer quelque souvenir des vieux Morins et réfléchir sur les progrès des lumières.

Oye est à 42 kilomètres nord-ouest de Saint-Omer. — Sa superficie est de 3038 hectares. — A la mort de Louis XIV, on y comptait 188 maisons et 750 habitants ; en 1807, 210 maisons et 1342 habitants ; actuellement le nombre des habitations est de 341, compris 34 fermes, et il s'y trouvait 1759 âmes en 1841. Electeurs municipaux 140, pour le député 16. — La kermesse est fixée au dimanche après la Pentecôte. — Le maire est M. Platiau ; le desservant M. Fourcroy, prêtre instruit et sincèrement évangélique.

Neuf hameaux dépendent de la commune d'Oye : *les Huttes*, à une demi-heure de l'église, sur le bord de la mer ; *les Dunes*, à une heure de l'église, vers Gravelines ; *le Fort-Philippe*, à cinq quarts de lieue de l'église. L'ancien fort, construit en 1637, avait été détruit en 1657. (Voir l'*Histoire de Gravelines*, page 110) ; *le Tap-Cul*, à vingt minutes de l'église ; *le Banc-à-Groseilles*, à trois quarts d'heure du village ; *l'Etoile*, à une demi-heure de l'église, vers Gravelines ; *le Huy de Waldam* (1), *digue contre la mer*, vers Marck, à une heure et demie de l'église ; *les Petites-Hemmes*, sur le bord de la mer, à une heure de l'église. — (Les Grandes-Hemmes auparavant inondées et gagnées par les effets de la digue de 1630 ne renferment que des terres) ; *le Petit-Moulin* et ses environs, à une demi-heure de l'église.

~~~~~~~~~~~~~

POLINCOVE.

Polincove, *Paulini hora*, ferme de Paul, à 25 kilomètres nord-ouest de Saint-Omer, est situé sur la belle route de Bourbourg et de Gravelines, dans une plaine fertile et

---

(1) On a pensé que le Waldan était le port Itius :

« Le village encor huy de Waldam nommé Oye
» Se dépouillant d'un V pour ne plus dire *Voie....* »

(Le Noat).

agréable, et sur le bord de la rivière, dîte le Meullestroom, adossé en partie pour ainsi dire à une colline magnifiquement boisée. — Les comtes de Boulogne étaient propriétaires de ce beau domaine au douzième siècle, puisque la comtesse Mathilde offrit en 1152, à des moines de Citeaux établis à Muncq-Nieurlet, un échange avec un terrain du territoire de Polincove. — On trouve dans une charte de mai 1227 que le seigneur de Bouvelinghem engagea à l'abbaye de Licques, du consentement du comte de Guisnes, toute la dîme de Polincove.

Au mois de mai 1595, les Français pillèrent l'église, et en mai 1637, un détachement de la garnison d'Ardres vint brûler plusieurs maisons du village. — La porte du fort principal tomba même momentanément en son pouvoir. Autrefois, deux forts existaient à Polincove.

L'un était placé à droite du chemin qui conduit du pont aux fermes de Muncq-Nieurlet, entre les rivières de Polincove et du Tiret, était qualifié de baronnie de Zeltun, et appartenait, en 1198, à un seigneur nommé Henri. La tradition garde seule le souvenir de ce château et rien n'en contredit la garantie.

L'autre s'élevait sur le bord de la rivière, à 800 toises environ de l'église. On le nommait d'abord le fort du *Nouveau-Moulin*, mais le 23 juin 1638, le prince Thomas l'ayant pris d'assaut, et le lendemain le maréchal de La Force ayant essayé inutilement de le reprendre, on l'appela le fort *Saint-Jean*, à cause de la fête du jour.

Pendant le siège de St.-Omer formé par le maréchal de Chatillon en 1638, le général espagnol, qui prenait des mesures infinies pour entraver les opérations des assaillants, envoya Salvedra s'emparer du fort Saint-Jean pour couper le passage des convois que l'on conduisait à l'armée française. S'étant mis en embuscade, ce guerrier enleva trois cents chevaux, et gâta ce qu'il ne put emmener. Le maréchal de Chatillon de son côté faisait battre le pays par des partis nombreux. La *bataille de Polincore* qui se livra le 8 juillet 1638 entre ces ardents rivaux, est célèbre dans les annales du Brédenarde.

Le comte Jean de Nassau était resté dans la paroisse de Sainte-Marie-Kerque, aux environs de Ruminghem et de Polincove, avec une partie de la cavalerie qui avait été renforcée par trois régiments de Picolomini, commandés par le jeune Coraledo, et d'un gros détachement de Croates.

Le comte de Nassau ordonna, le 8 juillet, à dom Francisco Sanchez de marcher en avant. Bientôt il se trouva lui-même entre le fort d'Hennuin et le fort Saint-Jean.

Entre ces deux forts, il y avait deux mauvais passages que les Espagnols franchirent assez heureusement dans leur marche vers Saint-Omer. Mais à leur retour, ils éprouvèrent de nombreux embarras, parce qu'après être restés deux heures en place dans une rase campagne entre le fort Saint-Jean et le village de Polincove, le maréchal de La Force, aidé du duc d'Arpajon, et qui avait trouvé le moyen de dérober l'arrivée de ses bataillons à la vigilance des Croates, vint fondre inopinement sur la cavalerie du comte de Nassau.

L'intrépide Jean voyant se développer cette masse de cavalerie et de fantassins, appuyée d'artillerie, se vit forcé de reculer sous le fort où Colaredo devait le rejoindre avec son régiment, après avoir laissé le commissaire-général à l'arrière-garde, à cause de la retraite des Croates.

Les Français s'apercevant de ces mauvaises dispositions accoururent à toute bride et attaquèrent avec fureur. Mais le commissaire-général Francisco Sanchez avait placé en réserve deux gros de cavalerie d'élite qui les reçurent si courageusement qu'ils parvinrent à les repousser. Dans la chaleur même de l'action, ces Espagnols dépassèrent la tête des colonnes ennemies, ce qui augmenta le désordre. Plusieurs guerriers de considération y furent tués de part et d'autre. Les Français y laissèrent leurs principaux officiers.

Jeune et brave Colaredo, on déplora votre destin ! Un brillant hyménée lui promettait le bonheur après la fin de la campagne; la gloire seule remplit sa courte existence. Dans son ardeur bouillante, il parvient avec les Allemands sous ses ordres à se rapprocher du comte de Nassau, et, par leurs efforts réunis, ils font plier vivement leurs adversaires; déjà le succès semble sourire à son audace.... Le matin encore, on le contemplait dans tout l'éclat de sa beauté militaire; bientôt sa chevelure sanglante traînera dans la poussière; un coup fatal l'atteint à la cuisse et le renverse de cheval. Une demi-heure après le digne chevalier expire en prononçant les doux noms de sa patrie et de sa bien-aimée. Au bruit de son trépas, ses troupes désolées se débandent et abandonnent le général espagnol.

Les Français qui d'abord avaient reculé avec précipitation, profitèrent du trouble occasionné par la mort funeste de Colaredo, et revinrent à la charge avec une nouvelle vigueur. Alors Sanchez sollicite ses soldats avec véhémence, il les exhorte à se faire jour à travers les rangs opposés et tente de valeureux efforts pour les dégager de cet imminent péril. Les plus déterminés succombent, et le reste opère enfin sa jonction avec Jean de Nassau. Le commissaire-général faisait sa retraite en bon ordre devant de nombreux assaillants, dont l'infanterie et la cavalerie déployée sur les deux ailes et l'artillerie au centre, tombaient sur ses lignes sans toutefois hasarder de les investir. C'est ainsi que les troupes des deux nations arrivèrent aux *mauvais passages*; et alors tout fut livré à une extrême confusion. Là furent perdus plus de quatre cents chevaux, tant du corps de l'Empereur que du contingent espagnol. Quelques-uns des meilleurs combattants du comte de Nassau se noyèrent; et sans le prudent courage de ce chef, toute la cavalerie allemande et ibérienne était anéantie.

Déjà cette lutte acharnée durait depuis plusieurs heures; aucun résultat décisif ne paraissait néanmoins en ressortir, et après un vide considérable des deux côtés, l'action finit par se ralentir, et réciproquement on se sépara en s'observant attentivement. Les Français font monter très-haut la perte des Espagnols, incontestablement supérieure à celle de leurs ennemis, mais la *bataille de Polincore*, remarquable surtout par la nombreuse cavalerie qui s'y trouva engagée, ne put cependant procurer encore aux vainqueurs la reddition de la puissante place de St.-Omer.

Il se passa encore sans doute quelques faits d'armes dans les plaines de Polincore, puisque les chroniques nous apprennent que le fort Saint-Jean ne fut rasé qu'en 1677.

On voit au-dessus du grand portail de l'église de Polincore, dédiée à saint Leger, et qui autrefois était du diocèse de Boulogne, la date de 1750; ce qui indiquerait une restauration à cette époque; quant à la flèche qui est d'un style élégant, elle a été érigée en 1811, et une somme d'environ dix mille francs fut alors votée pour la reconstruction de l'édifice. Une *Descente de Croix* et une *Assomption* sont commandées, et l'on se dispose à exécuter dans le chœur des travaux importants. Déjà divers embellissements intérieurs témoignent du zèle du desservant.

Dans le cimetière, vous remarquerez aisément les mausolées de MM. Vasseur. Celui du père est un cippe de marbre noir, surmonté d'une croix rouge plantée sur un globe de marbre blanc.

On lit sur ce monument consacré par la piété filiale, ce chronogramme :

TReMeQVe VIDe, PoPVLe, eCCe, eHeV! PVLVIs PatrIs.

Et puis un éloge poétique.

La tombe du fils est à côté de celle du père, dans un enclos fermé par une grille en fer, et les urnes sont surmontées d'une croix.

Tous deux ont voulu être inhumés dans le lieu natal, répétant avec le vieil Homère : « Non, il n'est point à nos yeux de terre plus douce que la patrie ! » Michel-François Vasseur est né à Polincove le 16 mai 1740. — Procureur en la chambre échevinale le 16 janvier 1771, et puis avoué-licencié près le tribunal de Saint-Omer, il était plus qu'octogénaire lorsqu'il se retira des affaires. — En 1816, juge-suppléant et ensuite administrateur des hospices, il décéda le 20 août 1833, laissant une réputation méritée d'intégrité et d'érudition dans l'ancienne jurisprudence. — Son fils, Louis-Auguste, né à Saint-Omer le 8 décembre 1780, et mort le 30 novembre 1835, tournait avec facilité le chronogramme, si fort à la mode autrefois dans l'ancienne province d'Artois.

Le Meullestroom est un des égouts entretenus aux frais de la communauté de l'ancien Brédenarde. — Sur le territoire de Polincove se trouve le château de M. de Soto-Major, noble nom espagnol.

La superficie de Polincove est de 440 hectares. En 1807, l'on y voyait 85 maisons et 462 habitants. Maintenant, il s'y trouve 90 habitations et 548 âmes. Electeurs municipaux 55, pour le député 7. Sa kermesse a lieu le dernier dimanche de septembre.

Le maire est M. l'Artésien ; le desservant M. Lemaire.

RUMINGHEM.

Le village de Ruminghem, situé sur la pente d'un coteau couvert de bois, et d'un aspect très-pittoresque, faisait jadis partie de la Flandre française.

Environné autrefois par les eaux du golfe Itius, Ruminghem était habité par les anciens Morins. Diverses voies romaines le traversaient dans la direction de Boulogne et de Sangatte. — L'étymologie de Ruminghem est saxonne ; la finale *hem* dans cet idiome désignait une habitation, un enclos, un village, et la terminaison du mot principal en *ing* est caractéristique d'un participe ou d'un substantif anglais.

On dit que du temps de César on voyait à Ruminghem un château fort, entouré de larges fossés, placé à huit cents mètres de l'église et dont l'importance correspondait avec celle des châteaux de Watten et d'Éperlecques. — L'on a attribué aussi à ce château une construction romaine du quatrième siècle.

On rencontrait encore, il y a une trentaine d'années à Ruminghem, en creusant, des arbres entiers et des parties d'arbres plus ou moins pourris, découvertes qui semblaient annoncer que de grandes révolutions s'étaient opérées dans le sol du territoire de cette commune.

La terre de Ruminghem appartenait à l'abbaye de Saint-Bertin dès 858. Elle portait alors des vignobles.

Ipérius rapporte qu'en 1218, les chanoines de Watten ayant fêté largement le jour de St.-Bertin avec les moines de l'abbaye, descendaient gaiement le cours de l'Aa pour rentrer dans leur pieuse retraite. Le curé de Ruminghem se trouvait parmi ces joyeux convives, mais il s'était rafraîchi outre mesure, et non content de se moquer des cénobites audomarois, il avait lancé l'outrage jusques au saint patron du monastère. Retiré une fois des eaux vengeresses, l'apostat y était retombé pour toujours lorsqu'il avait renouvelé ses blasphèmes. Nous regardons cette anecdote comme apocryphe. Certes, on buvait alors aussi bien qu'aujourd'hui, et dans le froc et sous le casque, mais il n'y avait pas toujours dans ce siècle, pas plus que dans le nôtre, un Dieu pour les ivrognes, et les faits, ordinairement isolés, de ce genre ne peuvent réellement caractériser ni les mœurs ni les idées d'une époque.

La bulle d'Alexandre III de 1164 mentionne un terrain de Ruminghem appartenant alors à l'abbaye de Licques.

Au commencement du quatorzième siècle, au temps de Robert d'Artois, sous le règne de Philippe V, il est question pour la première fois, dans nos manuscrits, du castel de Ruminghem, et cela pour constater sa ruine. Le connétable de France, accompagné de plusieurs vaillants chevaliers, « et de maint autre riche hôme, issirent de » la ville de Saint-Omer et allèrent assegier un castel le » signeur de Fienlec qu'on appelle Ruminghem qui siet » à trois lieues wez de la ville de Saint-Omer, ils y furent » pendant six jours, mais peu d'assaut il y eut; mais à la » fin se rendirent, puis fist le connétable abattre le castel, » puis revint en la ville. »

Ruminghem tomba au pouvoir des Français le 27 mai 1487; les Espagnols le reprirent le 11 février 1489.

En 1595, les Français enlevèrent de l'église les cloches qui s'y trouvaient depuis cent vingt ans.

Le 7 août 1637, le magistrat de Saint-Omer sollicita la réparation du fort, comme très-utile dans les circonstances. Le 20 septembre suivant, les Français de la garnison d'Ardres s'emparèrent par ruse de cette commune, où ils avaient déjà incendié trente maisons le 16 mai précédent. Lors de cette seconde surprise, ils enlevèrent cinquante chariots chargés de meubles. Le lendemain, le marquis de Fuentès donna l'ordre au baron de Besenval de débusquer les assaillants de cet endroit, ce qui fut exécuté le 24 du même mois.

Pendant le siége de Saint-Omer, en 1638, le comte Piccolomini établit son quartier-général à Ruminghem, le 6 juillet; cette position était avantageuse; le père Ange Hendricq alla y trouver le prince Thomas pour lui exposer l'état de la ville et en obtenir des subsides. Le 2 août 1639, le maréchal de La Meilleraye força le château du Ruminghem à capituler, et le rasa dans le cours de la même année. On cite comme s'étant particulièrement distingué à ce siége M. de Marigna, officier de mérite.

L'armée française se reposa à Ruminghem dans la campagne de 1657, après la reddition de Mardick. Pendant un séjour de six semaines qu'y fit alors Turenne, il fit construire des forts sur les bords de l'Aa, y jeta des ponts et rendit le canaux navigables.

Le Ruth est situé sur Ruminghem, à environ deux kilomètres de Watten, sur la rive gauche de l'Aa, au pied d'un coteau, à l'endroit du bac Jacob. C'était autrefois une petite forteresse dont les bourgeois de Saint-Omer s'emparèrent le 19 septembre 1646.

Ruminghem relevait, avant 1789, du présidial de Bailleul. Il avait une coutume particulière; ses archives sont, dit-on, assez bien logées dans un appartement ménagé dans le haut de la tour.

L'église est à l'extérieur une des plus belles du canton. Son clocher, qui est d'une jolie construction, porte la date de 1791; ce qui prouve en faveur de la piété des habitants à cette époque de régénération. — L'église n'a qu'une nef, et son seul ornement remarquable c'est une copie de la *Descente de Croix* de la cathédrale, tableau donné, en 1807, par la famille Bomart. M. Coyecques, ancien curé de Notre-Dame de Saint-Omer, a placé la première pierre de cette église, en 1806, ce qui est attesté par ce chronographe du chœur :

HOC REÆDIFICABAT PIE RELLIGIONIS AMOR.

La paroisse était autrefois du diocèse de Boulogne.

Sur la route d'Audruicq, dans l'endroit le plus riant de ce territoire, à l'entrée de la forêt, apparait une petite chapelle, à la forme octogone, et consacrée par la piété filiale à la mémoire de M. Bomart, dit *le Bailli*. Cette chapelle, dédiée à saint Louis, a coûté plus de six mille francs et attend encore vainement les restes de son fondateur. Grand-bailli du comte d'Egmont, président du district de Calais, maire de sa commune, M. Bomart a rendu de grands services au canton d'Audruicq. On lui est surtout redevable de la reconstruction de l'église, et du presbytère renversé par les vandales de 1793.

Son frère, juge-de-paix de ce canton, a laissé aussi une réputation honorable. L'un de ses fils, professeur au collége de Bergues, est officier de l'Université. — Des pierres tumulaires consacrées aux baillis Bomart se trouvent aussi dans la nef de l'église. — Nous avons précédemment mentionné l'abbé Piers, de Ruminghem (page 31). — L'abbé Dewintre, curé d'Audruicq, est né à Ruminghem le 17 mars 1790, et son frère, instituteur à Gand, auteur d'un ouvrage grammatical, le 10 janvier 1806.

Le principal calvaire du cimetière concerne la famille Bomart. — C'est là que repose l'audomarois Dominique Delbour, digne d'un affectueux souvenir. Il avait non loin des bords de l'Aa fait construire une petite *villa*. — Un peu plus haut vers Watten, sur un bel arbre, près de la rive, vos regards peuvent considérer encore une croix de bois que les paysans ont le soin constant de rattacher de nouveau à l'arbre chaque fois qu'elle en est descendue : Cette croix consacre le dévouement de Désiré Fournier, batelier de la barque de Calais. Il trouva la mort à cet endroit, en plongeant inutilement pour retirer des eaux un enfant imprudent, le 8 juin 1817.

Ce fait mérite d'être consigné dans nos annales, et, comme nous l'avons dit autrefois, la publicité des belles actions peut finir par établir une nouvelle distinction sociale et amener l'émulation la plus noble et la plus utile à l'humanité.

En 1807, il se trouvait à Ruminghem 147 habitations,

et 877 âmes. Sa population est de 1110 habitants et l'on y voit 182 maisons. Il y a 107 électeurs pour la municipalité, et, pour le député, 9.

Ce village, qui est à 15 kilomètres nord-ouest de Saint-Omer, a 962 hectares de superficie. L'annuaire de 1814 constatait 228 hectares dans le bois royal. On y signala l'apparition de loups en 1831 et en 1835.

Ch. Brasseur, de Bourbourg, est l'auteur d'une légende sur Ruminghem, intitulée : *Le Fantôme de l'Aa*.

Des antiquités diverses se trouvent encore parfois, dit-on, dans les débris de l'ancienne tour du château.

Le presbytère, embelli d'abord par M. Bellin, mort en 1817, est devenu depuis lors l'un des plus agréables du pays.

La kermesse de Ruminghem est fixée au premier dimanche de juillet.

Le maire est M. Dèwèvre ; le desservant est M. Hacot.

SAINTE-MARIE-KERQUE.

Sainte-Marie-Kerque, *Mariæ fanum*, église de sainte Marie, car autrefois *kerque* signifiait église, messe..., est à 20 kilomètres nord-ouest de Saint-Omer. — Ce village est baigné par le canal de Calais et par le Mardick ; et parmi ses fossés de dessèchement, le watergand du Lombard est à mentionner.

On trouve dans *le grand Cartulaire* que l'abbé de Saint-Bertin donna en 1224 une commission concernant la cure de Sainte-Marie-Kerque. — Un diplôme de la même date de l'évêque de Thérouanne limite son territoire.

Autrefois Adèle, descendante des seigneurs de Bourbourg, épouse de Herebert, issu des châtelains de Furnes, y possédait le château de Selvesse.

L'inondation de janvier 1808 fit éprouver à Sainte-Marie-Kerque et à Saint-Nicolas une perte de trente-quatre mille francs. — On découvrit à Sainte-Marie-Kerque, en décembre 1835, dans un fossé, de nombreux fossiles de chameaux et de dromadaires.

Saint-Nicolas, situé sur la rive gauche de l'Aa, et baigné aussi par le canal de Calais, a été réuni à Sainte-Marie-Kerque par ordonnance du 20 mars 1822.

Les hameaux de la Bistade et du Wez étaient de la dépendance de Saint-Nicolas. — C'était au Wez qu'était situé le fort Brignolles.

Saint-Nicolas est renommé aussi par le combat d'Halnuitz, du 12 juin 1595, où les maraudeurs des garnisons d'Ardres et de Calais furent massacrés par les Espagnols de Gravelines; et en outre par un autre combat qui porte son nom, du 4 août 1639. « Il fut grand et opiniâtre. » Henri de Beaumanoir s'y distingua particulièrement. Le marquis de Fuentès, général espagnol, y perdit 1800 hommes et 400 prisonniers. L'action dura trois heures. La perte des Français fut de 200 hommes tués et 300 prisonniers. Ils étaient conduits par de La Ferté et Gassion, sous les ordres de La Meilleraye.

Fuentès fut forcé par Gassion de s'enfermer dans l'église de Saint-Nicolas. — Le grand-maître de l'artillerie avait parfaitement combiné son entreprise, et sans les nombreux canaux du pays qui divisèrent son armée, il aurait obtenu un plein succès; de son côté, il surmonta les obstacles et s'empara de plusieurs pièces de canon; sur un autre point, l'ennemi eut l'avantage, mais, en définitive, la victoire resta aux Français.

Le pont Boo est sur l'Aa, à l'extrémité du chemin de Bourbourg. La partie mouvante et le bureau des recettes sont sur Saint-Nicolas.

Pendant la révolution, les églises de Sainte-Marie-Kerque et de Saint-Nicolas furent vendues; on en transporta les principaux ornements à celle de St.-Folquin, qui avait été réservée, parce que c'était alors là le chef-lieu du canton.

La flèche crénelée de Sainte-Marie-Kerque est élevée et élégante, et rappelle le genre gracieux des clochers d'Hazebrouck et d'Arques. Cette flèche a été faite avec la tour en 1700. L'église, qui est de la fin du seizième siècle, n'est plus qu'à une nef; il y en avait trois auparavant: les Espagnols l'ont incendiée en partie. L'intérieur est assez bien entretenu. On y trouve peu d'anciens débris. Saint Eloi et saint Nicolas y sont honorés. Au-dessus du beau fronton, près d'une niche où se trouve la statue de Notre-Dame, se voient encore d'anciennes armoiries. — L'abbé Boidin, qui fut quelque temps aumônier de l'hôpital Saint-Jean, à Saint-Omer, avait généreusement contribué à la restauration de cet édifice, qui, pendant bien des années depuis l'ère de la liberté, n'avait présenté que l'aspect d'une grange. — Dans le cimetière, on remarque la tombe du curé Boudenelle, mort en 1762. — On dit qu'un établissement religieux de Saint-Nicolas fut transféré à Blendecques dans les siècles précédents. — En 1812, on fonda, à Sainte-Marie-Kerque, à l'entrée du chemin de Saint-Folquin, une chapelle sous le vocable de *Notre-Dame de-bon-secours*, au nom de la dame Carondelet, de Roncq, autrefois, dit-on, baronne de l'endroit. — Du côté de Saint-Nicolas, on remarque encore un grand calvaire sur l'emplacement d'une ancienne chapelle. — On célèbre annuellement en cette paroisse, par deux obits à cloche, la mémoire vénérée de M. Thellier-Leprestre (1), bienfaiteur des pauvres de Sainte-Marie-Kerque. La pierre de son legs, qui consiste en sept mesures de terre, en marbre noir et badigeonnée, est enchâssée dans la boiserie, à droite, en face du petit autel latéral. Les jours de ces obits sont encore signalés par des distributions de linge et de bas.

La paroisse de Saint-Nicolas n'était qu'un secours de celle de Bourbourg; elle en fut séparée, en 1114, par le canal de Gravelines et par un règlement de l'évêque de Thérouanne. — Il y a quelques années, la famille Hémart restaura l'église de Saint-Nicolas, la plus ancienne du pays de l'Angle, et dont la tour avait été conservée. — Une ordonnance du 3 décembre 1823 y a confirmé l'établissement d'un cimetière particulier pour cette famille pieuse. — Un presbytère s'achève actuellement par ses nouvelles libéralités. — La consécration de l'église

---

(1) L'inscription honorifique, adressée aux vieillards indigents de la paroisse, en gros caractères, concerne les généreux époux Thellier. — Pierre-Guillaume-François Thellier, négociant recommandable de Saint-Omer, y est né le 17 novembre 1728. Son décès est du 22 février 1817. — Marie-Jeanne-Louise Leprestre, sa vénérable et digne épouse, décédée à Saint-Omer le 18 juillet 1815, est née à Montreuil-sur-mer. Elle était probablement de la famille de Pierre Leprestre, chroniqueur du quinzième siècle. — Henri-Grégoire Thellier, son frère aîné, d'abord greffier de la sénéchaussée de St.-Pol, fut ensuite avocat à St.-Omer. Par sa femme, il était parent de la célèbre Jacqueline-Isabelle Robins, veuve Boyaval, descendante des Cossé-Brissac, à qui les Audomarois furent redevables de leur délivrance à l'époque critique de 1710. — En 1720, il y avait un sire Winocq Thellier, moine à Saint-Bertin.

M. Louis Thellier, le seul fils survivant du donateur, après avoir rempli honorablement diverses fonctions administratives, lors de l'existence de la Grande-Armée, renommé par ses connaissances en finances, ainsi qu'en économie sociale et politique, est aujourd'hui l'un des membres les plus distingués du conseil municipal de la ville de Montreuil.

actuelle de Saint-Nicolas, annexe de Sainte-Marie-Kerque, a eu lieu par le curé-doyen d'Audruicq le 6 décembre 1837. Un chapelain ne tardera sans doute pas à y fixer sa résidence.

Louis Hennepin est né à Sainte-Marie-Kerque en 1640. Il fut reçu religieux récollet à Saint-Omer et obtint plus tard un emploi au monastère de Renti. Ayant, dans ses quêtes, pris du goût pour les voyages, il devint un missionnaire célèbre et publia plusieurs relations curieuses de ses courses lointaines. Il mourut, dit-on, à Utrecht en 1710.

A Sainte-Marie-Kerque est né M. Everard-Serdobbel, le 16 septembre 1760. Voici le résumé de l'article que nous lui avons consacré dans la *Biographie de la ville de Saint-Omer*.

Membre et puis président de la chambre consultative de commerce à Saint-Omer, juge au tribunal de commerce, membre du conseil municipal, son jugement était droit et sa conduite pleine de prudence. Père tendre et généreux, ami ardent et dévoué, Alexis-Joseph Everard, décédé le 14 janvier 1831, a laissé un nom distingué par les souvenirs les plus honorables.

Une médaille d'honneur a été décernée en dernier lieu à Louis Michel, batelier à Sainte-Marie-Kerque, pour avoir sauvé un enfant dans les eaux de l'Aa. — Le hameau de Saint-Nicolas a donné naissance à deux braves du nom de Vrolant. — L'aîné de ces frères, François-Ferdinand, né le 10 décembre 1769, servit dans les dragons, et fut le plus hardi soldat de son régiment. Divers faits d'armes remarquables élevèrent sa réputation. — Un officier autrichien, monté sur un cheval superbe, défiait insolemment les dragons français, caracolant à une petite distance ; Vrolant, plein d'impétuosité et bravant la défense de son chef, vola à la rencontre de son fier ennemi, et l'ayant renversé d'un coup de sabre à la tête, s'empara de son beau coursier. — Il prit en outre deux drapeaux aux Autrichiens. — Doué d'une force herculéenne, on jugeait de suite à l'aspect de sa figure ombragée d'une moustache rousse, qu'animé par le combat, il était capable de charger seul un régiment entier. — Homère aurait pu dire de lui :
« Loin de tous les siens, il volait le premier à l'attaque,
» et, avant qu'aucun le suivît, déjà son javelot terrassait
» l'ennemi fuyant devant ses pas... » Tel fut François-Ferdinand Vrolant dans les champs de la guerre.

A Paris, il manqua un jour de pain ainsi que ses camarades; franchissant tous les obstacles, il se rendit à cheval et armé à la Convention nationale et obtint les aliments indispensables.

Le cadet, Joseph, dit Farouche, né en 1771, parcourut aussi avec distinction la carrière militaire, et fut décoré au camp de Boulogne.

La superficie de Sainte-Marie-Kerque est de 1423 hectares; celle de Saint-Nicolas de 414 hectares. Le nombre des habitations était, en 1807, de 111, avec 694 âmes; celui des maisons, à Saint-Nicolas, à cette époque de 54, avec 234 habitants. La population de la commune actuelle est de 1128 âmes, et l'on y compte 156 feux. Electeurs municipaux, 105, pour le député, 44. — La kermesse de Sainte-Marie-Kerque est fixée au dernier dimanche de juin. Celle de Saint-Nicolas au premier dimanche de mai.

Les archives de Sainte-Marie-Kerque étaient nombreuses, mais elles furent brûlées dans les temps d'anarchie. — Les registres de l'état-civil, antérieurs à 1700, sont dans un grand délabrement.

Le maire est M. Léon Stoclin; le desservant M. Paques.

SAINT-FOLQUIN.

Saint-Folquin doit son nom au célèbre évêque de Thérouanne qui florissait dans le neuvième siècle, et dont les gestes sont si connus dans l'histoire de la Morinie. — Sans doute, le Saint y aura pris quelque repos dans ses tournées pastorales. — M. Achmet d'Héricourt a publié sur saint Folquin une notice biographique très-remarquable. — La vie de saint Folquin fut imprimée à Saint-Omer en 1618. — Ce village, à 25 kilomètres nord-ouest de Saint-Omer, est arrosé par le canal de Calais, par l'Aa et le Mardick. Son principal watergand de desséchement se nomme le Drack. — Le territoire de Saint-Folquin, baigné jadis par les eaux du golfe Itius, fut borné également par le diplôme d'Adam, évêque de Thérouanne, en 1224; il était en quelque sorte commun auparavant avec celui de Saint-Omer-Capelle. — Les mariniers de Saint-Folquin se sont signalés autrefois avec les braves Calaisiens à la pêche féconde du hareng.

Henuin, considéré comme l'un des hameaux d'Audruicq,

tient cependant à Saint-Folquin par toutes les habitations de la rive droite du canal de Calais. Il tient aussi à Sainte-Marie-Kerque. — C'est peu après l'etablissement de la domination anglaise qu'il faut faire remonter la construction de la plupart des forts du Calaisis et du pays de l'Angle. Le roi Jean parvint ensuite à faire démolir ceux que les Anglais avaient fait construire à Saint-Folquin et à Nannequebeurre.

Celui d'Hénuin apparaissait sur la rive droite du canal de Calais. Les Anglais expulsés, les Français s'en emparèrent, et le réparèrent complètement. Dans le dix-septième siècle, ce fort, ainsi que celui des Bayettes, fut d'une grande utilité au pays. Les Espagnols et les Français l'occupèrent alors tour à tour. — Lors de la bataille de Polincove, en 1638, le fort d'Hénuin etait au pouvoir des Espagnols, et on le considérait comme un des plus importants de la contrée. Manicamp, avec les gardes françaises sous les ordres de Gassion, l'attaqua le 19 août 1644, et le prit d'assaut le 23. — L'ennemi y étant rentré en 1651, Turenne le reprit en 1657, et les Français le retinrent par la paix des Pyrénées.

Le fort d'Hénuin, abandonné après la paix de 1678, tomba insensiblement en ruines, on les vit long-temps, et aujourd'hui en n'en retrouve même plus les traces. — Paul Walleux, de Saint-Omer, travailla à l'écluse d'Hénuin. Il y aurait là maintenant une écluse à quatre faces à construire et de beaux et utiles travaux à exécuter. — Le vieux fort des Bayettes existait au lieu encore ainsi dénommé, sur la rive droite du Mardick et la rive gauche de l'Aa; en fouillant la terre, on trouve encore aujourd'hui, dans un champ à M. Tacquet, des parties de fondations. On croit même qu'anciennement se trouvait là l'église de St.-Folquin, ou au moins quelque oratoire, car on y a découvert divers objets servant au culte catholique. Les Français prirent ce fort sur les Espagnols, en 1642, et le détruisirent plus tard. Gaston d'Orleans s'assura de cette position lorsqu'il songea à attaquer Gravelines, en 1644. Il se saisit aussi alors de la chapelle dite de Saint-Folquin.

On prétend que deux autres petits forts se trouvaient en outre sur le territoire de Saint-Folquin, sur la rive gauche de l'Aa, nommés *Honèse* ou Halnuitz, et *Bleu*, et qu'ils auraient ouvert, en 1644, leurs portes au maréchal de La Meilleraye, cet heureux preneur de places. Mais leur emplacement est aussi incertain que l'a été leur existence.

Mannequebeurre est un hameau important de Saint-Folquin. C'était là que se tenaient jadis les audiences du bailli de la châtellenie de l'Angle. *Munquebuur*, *Manekebur*, mot teuton, signifie fin du moine, dernier lieu du moine, parce que les Normands, dans une de leurs invasions, y auraient massacré Reginald, qu'ils trainaient à leur suite, né dans ce hameau et moine de Saint-Bertin, pour se venger de son obstination à leur celer le trésor de l'abbaye.

D'après l'*Itinéraire des Rois de France*, Louis XIV se trouva à Mannequebeurre en 1680. — Dans la nuit du 6 au 7 août 1776, un crime affreux y fut commis, et il s'en suivit une exécution horrible à Mannequebeurre.... Près de la place, un vieillard nommé Jacques Vasseur fut assassiné avec sa fille, Marie-Joseph; Pierre Fourre, ménager, fut aussi victime de ce lâche attentat. On trouva coupée la tête de la femme.... Le but du crime, c'était le vol. Les meurtriers, sur le point d'être pris d'abord au moment où ils s'embarquaient à Calais, furent arrêtés à Middelbourg par des sergents de Bourbourg, et conduits dans la prison de Mannequebeurre; ils partaient pour les colonies; jugés à Audruicq, l'un fut condamné à être roué, l'autre aux galères perpétuelles. — Jean-Jacques Faly, de Saint-Folquin, le plus coupable, fut roué dans une pâture de Mannequebeurre, le 4 décembre 1776, à midi; et là, en présence d'une foule immense, dix mille personnes, dit-on, il subit sa terrible sentence, et cela avec assez de maladresse de la part des justiciers, puisque la tradition rapporte que, pour en finir plus vite avec le patient, la femme du bourreau fut obligée de l'étrangler. Cette circonstance est contredite. — Une autre version porte que l'exécution fut faite avec promptitude et habileté.

Le second condamné, nommé Watrin, dit Jean-le-soldat, s'empoisonna quelques jours après. — A Audruicq, l'endroit où fut exposé le cadavre du roué de 1786 se nomme encore *la Bèque-Buron*.

Le 17 octobre 1648, Jacques Boleyn, natif de Saint-Folquin, complice de Martin Calmont, convaincu de trahison, fut pendu à Saint-Omer.

Christian Vandale était curé de Saint-Folquin en 1571. — Le presbytère fut totalement incendié le 22 avril 1772. — L'église, décorée d'un petit clocher, est à deux nefs; les autels sont dédiés à Notre-Dame et à saint Folquin. Le tableau de l'*Assomption* est supportable. Saint Eloi est aussi en vénération dans ce lieu. — La chasse du patron était dans l'abbaye de Saint-Bertin, et les moines envoyèrent, en 1618, quelques parcelles de ses reliques à Eskelbecque. — Dans le cimetière, on voit briller une épitaphe poétique en l'honneur de Marie-Jacqueline Bomart, femme Dewèrre.

L'inondation de janvier 1808 fut aussi préjudiciable à cette commune. — Lors du débordement du Mardick, *Markis*, en janvier 1841, on admira le dévouement de l'huissier Calbet, conducteur des wattringues et greffier de la commune, homme précieux au pays par ses connaissances variées. — Le curage de cet ancien canal, qui sert pour l'écoulement des eaux et le transport des engrais, serait infiniment avantageux au pays de l'Angle. — Le bac de Saint-Folquin, dit Meurillon, est dangereux et devrait être remplacé par un pont tournant. — Le pont du Halot est à 500 mètres en aval du Guindal, sur le Mardick ; le pont Rambaut est à 1100 mètres des Bayettes.

Saint-Folquin est d'une étendue extrême ; du côté opposé au chemin d'Hénuin, fort loin derrière le pont de Mannequebeurre et bien au-dessus de l'église, sa dernière maison touche au pont tournant de Gravelines. Lorsque la grande route de Calais, passant par Guemps et venant de Bourbourg par le pont du Halot, sera confectionnée, les améliorations s'y succéderont sensiblement.

Cependant la civilisation a encore bien des progrès à tenter dans ce pays ; chose étonnante, il ne s'y trouve presqu'aucun lieu d'aisance, non pas même chez de riches fermiers. Il est vrai que ce n'est qu'en 1677 que les Français imposèrent cette obligation aux Audomarois.

Le 12 juin 1842, les maisons des sieurs Lheureux et Prince furent consumées par un incendie, occasionné par une construction vicieuse. Les pompiers de Bourbourg et de Gravelines accoururent, ainsi qu'une partie de la garnison de cette dernière ville. Le feu fut facilement maîtrisé. Le dommage a été évalué à 7000 francs. Le 28 du même mois, un nouvel incendie détruisit l'habitation du sieur Defraye en plein jour. La perte a été d'environ 2000 francs.

Au commencement de la révolution, Saint-Folquin était le chef-lieu du canton des quatre paroisses du pays de l'Angle.

Le territoire du pays de l'Angle était autrefois couvert par les eaux du golfe Itius ; plusieurs siècles après leur écoulement, on avait encore la précaution de stipuler, dans les actes concernant les terres à cens et rentes, la résiliation du contrat si la mer, dans l'espace de dix ans, venait à envahir les mêmes bords. — Au commencement du dix-septième siècle, une grande inondation couvrit encore le pays. — En 1309, la comtesse Mahaut, prenant en considération la pauvreté des habitants, les gratifia d'une rente annuelle de 80 livres, dont le paiement eut lieu jusqu'à la révolution.

Le pays de l'Angle est connu depuis le dixième siècle; le roi Jean en confisqua la propriété, en 1350, à cause de la prétendue trahison de Raoul de Nesle, comte d'Eu et de Guisnes; il en gratifia le chevalier Guillaume de Beauprey, mais ces domaines furent cédés à l'Angleterre par le traité de Brétigny. — En 1618, ses limites furent réglées. — Ce pays fit toujours partie du comté d'Artois.

En mai 1248, Robert I.er, comte d'Artois, accorda une keurre, ou *charte*, au pays de l'Angle. — Cette coutume particulière, homologuée le 25 juin 1586, fut redigée en 1734. — En 1256, Arnould III, comte de Guisnes, déclara que les habitants du pays de l'Angle lui avaient accordé ainsi qu'à ses gens la permission de construire un *esseau à Langle*, à commencer de la maison de Wautier-Mine.... avec promesse de le faire de façon qu'il pourrait y avoir rivage et qu'il y passerait des bateaux assez grands pour porter quatre mille tourbes.

De 1560 à 1790, d'immenses desséchements furent opérés dans le pays de l'Angle; la jonction de l'Aa à la mer, faite en 1740, fut suivie de la création du watergrave, ou comte des eaux. Le sieur Dubuisson fut le premier revêtu de cette fonction. — L'organisation de l'administration des wattringues, qui ne remonte pas encore à un demi-siècle, a contribué essentiellement à procurer annuellement à ce canton d'abondantes moissons.

Les maréchaux d'Aslfeld et de Puységur se rendirent alors à Saint-Omer, et y dressèrent un plan pour procurer l'écoulement des eaux qui s'épanchent ordinairement tous les ans dans le pays de l'Angle et autres plats pays contigus. L'adjudication des travaux ayant eu lieu le 15 octobre 1737, on commença l'année suivante la construction d'un port à Gravelines pour l'évacuation des eaux, si fortement recommandée par Vauban, sous l'inspection particulière du maréchal d'Aslfeld; le quartier-général du duc de Boufflers étant établi à cet effet à Bourbourg.

En 1807, il s'y trouvait 194 maisons et 885 habitants; sa population actuelle est 1076 âmes et on y voit 223 feux. — 105 électeurs municipaux, 9 électeurs pour le député,

Aucune archive n'est restée dans le pays de l'Anglo; les papiers précieux ont été brûlés, pendant la terreur, par les inspecteurs *anti-féodaux*, entr'autres la carte territoriale, dont la copie seulement avait coûté trois mille livres à l'abbaye de Saint-Bertin, et cela parce que cette belle carte était ornée de fleurs-de-lys... *O altitudo!*

Sa superficie est de 1624 hectares. — La kermesse est fixée au deuxième dimanche de juillet.

Le maire de Saint-Folquin est M. Jean-Baptiste Stoclin; le desservant est M. Constant Dewèvre.

SAINT-OMER-CAPELLE.

Saint-Omer-Capelle est à 25 kilomètres nord-ouest de Saint-Omer. — Ce village est baigné par le canal de Calais, la rivière d'Oye et le Drack. — Au commencement du douzième siècle, on l'appelait *Sanctomeréglise*, église de Saint-Omer. C'est vers cette époque qu'il faut placer dans les environs la fondation de l'abbaye, riche et considérée, de Notre-Dame-de-la-Capelle, par Ide, comtesse de Boulogne. — Les comtes de Boulogne ont possédé long-temps divers domaines sur ce territoire. — On voit dans la bulle d'Alexandre III, de 1164, le dénombrement des terres et mouvances qui y appartenaient à l'abbaye de Licques.

Saint-Omer-Capelle tomba au pouvoir des Anglais dans le quatorzième siècle, et retourna à la couronne après leur expulsion. Les comtes d'Angus et de Kimm, à la tête de 2000 Anglais, incendièrent Saint-Omer-au-Bois (Saint-Omer-Capelle) en 1412.

Plusieurs petits forts étaient également établis sur l'étendue de cette commune, et leurs noms ont figuré aussi dans les récits de nos guerres avec les Espagnols et les Anglais. Lors de la retraite de ces derniers, ces forts se trouvaient dans un délabrement complet.

Le plus important se nommait le fort *Rebut;* il se trouvait sur la rive droite du canal de Calais. Réparé par les Espagnols avant la paix de Vervins, les Français le détruisirent quelques années après, mais l'ennemi s'étant obstiné à le réédifier, il en fut chassé de nouveau le 24 octobre 1634. — Mello le prit, en 1643, et La Meilleraye ne tarda pas à le reprendre. Gassion le fit raser l'année suivante. Des

Essessarts, capitaine au régiment des gardes, ouvrit la tranchée le 20 août; ce fort se trouvait défendu par quatre bastions avec une contrescarpe, garnis par le dehors de demi-lunes bien palissadées, et d'un abord très-difficile, n'étant accessibles que par des digues toutes retranchées. — Il y eut de part et d'autre perte considérable de guerriers.

Le fort *Malice*, dont on croit reconnaître l'emplacement à l'endroit d'un tertre assez élevé, fut, à la même époque, pris et démoli par Gaston d'Orléans. — On a dit qu'il en avait existé encore deux autres et que les travaux de l'agriculture avaient supprimé totalement leurs vestiges.

Le gouverneur d'Ardres avait tenté de prendre de vive force l'église de Saint-Omer-Capelle, défendue par une faible garnison, mais n'ayant pu y parvenir, il eut la barbarie d'incendier, en se retirant, une trentaine d'habitations, parmi lesquelles était une ferme des Dames de Bourbourg. Cet événement est fixé par les uns au 17 août 1635, et par les autres au 16 mai 1637. Il y avait encore à cette époque, dans la plupart des tours de paroisses, des cavernes où l'on se cachait lorsqu'on voulait les piller.

Cette église, dédiée au fondateur de la cité des Audomarois, a été entièrement rasée pendant la révolution. Son emplacement est en culture et appartient à M. Delehaye, pharmacien à Saint-Omer.

Deux incendies ont éclaté dans cette commune en 1839, dans la nuit du 19 au 20 avril et le 21 mai.

En 1807, on comptait à Saint-Omer-Capelle 108 maisons et 484 habitants; aujourd'hui, vous y voyez 122 habitations et 570 âmes. 57 électeurs municipaux, 3 électeurs pour le député.

Sa superficie est de 947 hectares. — Sa kermesse a lieu le premier dimanche de juillet.

Le maire est M. Dereudre; le desservant, M. Dewèvre (celui de Saint-Folquin).

VIEILLE-ÉGLISE.

C'est encore un village qui était consacré jadis à saint Omer..... *Sanctomeréglise*; telle est sa dénomination dans un acte de donation de la comtesse de Boulogne en février

1140, et qu'on retrouve encore dans des actes de 1539 et 1560.

Auparavant, l'autel de ce lieu, *vetus ecclesia*, appartenait à l'abbaye de Notre-Dame-de-la-Capelle. — Cette commune, qui est à 35 kilomètres nord-ouest de St.-Omer, est baignée par le canal de Calais et par le Drack. C'était autrefois un marais, mais le terrain est actuellement bien desséché; et quoique depuis la conquête du Calaisis par les Anglais, cet endroit se soit considérablement accru, ainsi que Nouvelle-Eglise, Guemps et Offequerque, cependant nous pensons que ces quatre villages existaient avant la domination anglaise. L'écoulement de leurs eaux avait lieu par le fort Nieulay. Par arrêt du 7 août 1624, l'on établit des taxes pour creuser le nouveau canal depuis le fort Rebut jusqu'à l'étang de Nieulay.

Le territoire de Vieille-Eglise était aussi le rendez-vous sanglant des garnisons voisines. Deux redoutes y avaient été érigées, principalement contre les maraudeurs. Celle dite *la Lanterne*, près la rivière d'Oye, et l'autre appelée *Saint-Louis*, non loin de l'église, fortifiées par La Meilleraye en 1642, prises par Mello en 1643, et reprises par La Ferté peu de mois après, furent renversées, ainsi que les autres forteresses du Calaisis et du pays de l'Angle, lorsque toute cette contrée fut replacée définitivement sous le gouvernement français. Il n'en reste plus que quelques mottes où l'on présume que jadis a été leur emplacement.

En 1657, le grand Condé, au service de l'Espagne et qui se disposait alors à assiéger Ardres, se trouvait à la redoute de Saint-Louis, à Vieille-Eglise.

Vieille-Eglise n'est plus aujourd'hui un lieu marécageux et malsain; ce sont des champs très-fertiles et devenus salubres. La tourbe n'y est pas exploitée. — La rue du village vient d'être empierrée. — Le creusement du canal de Calais a desséché le territoire de Vieille-Eglise. La petite rivière d'Audruicq baisse même quelquefois d'un pied, entre deux marées, et c'est avec difficulté que l'habile batelier Houlet conduit quelquefois sa barque chargée jusque sur la place, aux abords du château.

Le docteur Carmier, depuis long-temps à Vieille-Eglise, jouit d'une confiance méritée.

Dans la nuit du 18 octobre 1839, le feu se manifesta dans le grenier du sieur Brémart, mais il fut promptement éteint.

La superficie de ce village est de 1984 hectares. En 1807, il y avait 118 habitations et 767 habitants. Maintenant, la population est de 804 âmes et l'on y voit 158 maisons. En 1698, l'on n'y comptait que 30 feux. — Electeurs municipaux, 80, et, pour le député, 15. — L'église est à deux nefs, fort ancienne, et n'offre rien de remarquable. On n'y aperçoit comme en bien d'autres que de vieux tableaux. Elle est toujours sous le noble patronage de saint Omer. Là se trouve le caveau funèbre de la riche famille Delplace.

C'est à Vieille-Eglise que réside le notaire Acout, dans une fort belle habitation.

La kermesse est fixée au troisième dimanche de juin.

Le maire est M. Deplace; — le desservant M. Hochart (le même que celui de Nouvelle-Eglise).

~~~~~~~~~~~~

ZUDQUERQUE.

» J'aime à savoir, quand j'arrive dans
« une maison, qui l'a habitée avant moi. »
Vicomte WALSH.

Dans un temps très-reculé, une alluvion forma le pays de Brédenarde; plusieurs îles l'environnaient, et Strabon les assignait pour demeures à une partie des Morins. La mer couvrit long-temps toute cette contrée; Lambert d'Ardres qui écrivait dans le onzième siècle, parlant des eaux qui s'y trouvaient de son temps, les appelle *une petite mer :* qu'eût-il donc dit s'il eût décrit ce fait du temps de César?

La terre de Brédenarde, située entre la rivière de Vonne et le pont de Nieulay, était fort spacieuse et abondante en pâturages. *Malbrancq* et les historiens qui ont écrit sur cette contrée sont uniformes à cet égard. Elle accrut la puissance du comte de Guisnes.

BRÉDENARDE vient du flamand : *breed*, large, ample; et de *aerde*, terre, *terre large*.

Son étendue de l'est à l'ouest est d'environ trois lieues et d'une lieue trois cinquièmes du nord au sud. — L'alluvion du Brédenarde, *palus citerior*, était un pâturage limité à l'est par la Vonne, par les fontaines de Nesle à l'ouest, au nord par un marais spacieux le long duquel il se développait, propre à la nourriture des troupeaux autrefois peu nombreux, peu habité ou point cultivé. — Avec le temps, il s'y forma les quatre communes ou bans d'Audruicq, de Zudquerque, de Nordquerque et de Polincove. — Lors de l'invasion des Anglais, les habitants du Brédenarde, absolument dévoués à la France, aimèrent mieux laisser en friche les abords du Calaisis que d'avoir ces insulaires pour voisins, et les digues des terres ainsi abandonnées, n'étant plus relevées, il s'y forma un marais impraticable sur lequel les Anglais empiétèrent. — Le Brédenarde, partie du comté de Guisnes, fut plusieurs fois réuni au domaine de la couronne, et souvent aussi en fut démembré. — En décembre 1276, il y eût une séparation de ce pays avec Ardres, et ses échevins furent aussi séparés de la bourgeoisie d'Audruicq.

Cette terre du Brédenarde était censée faire partie du Thérouannais; abandonnée le 12 mars 1436 par le duc de Bourgogne au sire de Croï, pour une contenance d'au moins 5000 mesures; il ne s'en trouva guère plus de 2000 mesures lors du contrat d'échange avec le Roi, le 19 janvier 1758. — Ce pays de Brédenarde « est un bon pays, » lit-on dans la chronique du quinzième siècle de Pierre Leprestre, abbé de Saint-Riquier, « et fertile merveilleusement et où il y avait moult de biens. »

La Liette, grand watergand de Nordquerque, était la limite du pays reconquis et du Brédenarde. — Depuis long-temps, les vastes marais entre Calais et Saint-Omer ont fait place à de gras pâturages. Maintenant, il nous reste à parler de la commune de Zudquerque, pour compléter notre publication des annales du Brédenarde.

Zudquerque, *église du sud*, est à 25 kilomètres nord-ouest de Saint-Omer; son sol élevé est entouré de beaux bois (l'Annuaire de 1814 en mentionnait 250 hectares), et il s'étend au loin, car il comprend les hameaux d'*Ostore*, de *Coule*, de *Grasse-Payelle* et de *la Montoire*. — D'après la tradition, il s'y trouvait jadis un château appelé *Rocirore* (le Rossignol sans doute), qui fut réparé par le comte de Guisnes en 1173, et détruit en 1210.

Les religieux de Licques avaient, dès 1173, une terre en cette paroisse. On cite un fauconnier, Robert de Zudquerque, feudataire du comte de Guisnes, en 1182. — En l'an 1200, en présence de Mathieu de Zudquerque, le comte de Guisnes sépara par un grand chemin les propriétés des abbayes de Licques et de Saint-Bertin. Celle-ci y avait quelques biens, puisqu'en 1348, elle y aliéna une légère rente de dix sols parisis. — En 1249, la dîme du village avait été engagée, d'après Malbrancq, au chapitre de Saint-Omer.

L'église de Zudquerque fut pillée par les Français en mai 1595. — Le 8 août 1635, le comte de Fressin, détaché de la garnison de Saint-Omer, et accompagné du bailli et de nombreux chevaliers, investit cette église avec des forces considérables, et accorda une sortie avantageuse à la garnison française qui y combattit jusqu'à la dernière extrémité avec le plus grand courage; elle avait été vainement secourue par quelques bataillons sortis en toute hâte d'Ardres, alors au pouvoir des Français.

Vers l'an 1637, il paraît qu'il y avait un autre fort à Zudquerque que celui de la Montoire, puisque Saint-Preuil, pendant son gouvernement d'Ardres, s'en rendit maître à discrétion et le rasa. — D'après nos archives, en 1638, lors du siége de Saint-Omer, les Français s'emparèrent de nouveau de l'église de Zudquerque. — En 1638, François Pardo, capitaine espagnol, se mit en embuscade près de Zudquerque, et s'empara des chevaux et des messages d'un gentilhomme français.

Le château de la Montoire, *Montorium castrum*, si renommé pour sa force dans le Brédenarde et le Calaisis, s'élevait à deux kilomètres et demi de l'église de Zudquerque, sur la gauche de la route d'Ardres, à l'extrême frontière du Brédenarde.

Le château, signalé de nouveau dans les magnifiques archives de Picardie, était d'une antiquité bien reculée, puisque du temps de César, il avait le nom de Promontoire et voyait se dérouler les eaux du golfe Itius. Il était « sis en forte assiette, sur une petite montagne. »

Dans le bois immense qui en dépendait, Baudouin II, comte de Guisnes, y érigea, en 1173, une petite chapelle sous l'invocation de sainte Catherine, où il déposa des reliques de saint Thomas de Cantorbéry.

Le comte d'Artois, Robert II, avait contracté une dette envers la Montoire ; il s'en acquitta en avril 1271.

La Montoire, réparée plusieurs fois, fut cédée, en mai 1281 ou février 1282, à Philippe III par le comte Arnould III, pour le paiement partiel d'une somme de 8700 livres.

Robert d'Artois, dans ses démêlés avec Mahaut, y avait placé un corps de ses partisans en 1317.

Froissard nous apprend que les trois frères de Hames, vaillants guerriers des garnisons de Guisnes et de la Montoire, battirent, en 1352, plusieurs centaines d'Anglais qui s'en revenaient chargés de butin pris devant Bouvelinghem, et appartenant aux Audomarois. La Montoire fut comprise dans la cession de Brétigny. Nous ne savons quelle puissance s'en empara en 1383, mais de l'artillerie y fut trouvée alors. Edouard III l'avait assiégée en vain pendant plus de trois semaines.

Le duc de Bourgogne logea au château de la Montoire en 1396. — Les Anglais l'occupaient en 1405. — L'un des assassins de Louis d'Orléans en était capitaine l'an 1410. — Philippe-le-Bon y entra après la paix d'Arras. — En 1477, Comines y vint dans l'espoir d'obtenir la soumission des forts voisins au profit de Louis XI. Celui-ci l'avait pris de bel assaut, et tous ses défenseurs, au nombre de trois cents, avaient été tués.

Ce château avait été jugé nécessaire à la défense de la ville d'Ardres; de l'éminence, on découvrait toute cette ville; mais Henri VII le prit en 1492, et la paix de ladite année le rendit à la France. — En 1542, le duc de Vendôme, « ce grand destructeur des châteaux du pays, » après un faux semblant d'attaque sur Aire, menaça tout-à-coup le petit *château Montoir*, et l'ayant emporté d'assaut, malgré ses fossés profonds, ses tourelles et ses redoutes, le fit totalement raser avec l'aide empressé des gens du pays. Le comte de Rœux, accouru tardivement à sa défense, y fut complètement battu à *la Journée des Plongeons*. Dix ans après, les Français revinrent au hameau de la Montoire, et le brûlèrent en l'abandonnant.

Henri IV désigna la Montoire comme un lieu favorable pour les courses des chevaux, qui eurent lieu, jusqu'à la revolution, le premier dimanche de mai.

Le maréchal d'Humières s'en était de nouveau emparé en 1595.

En 1634, l'on afferma ce qu'on appelait alors le château de la Montoire. Il y avait une centaine de mesures à labour, 240 mesures de prés et 4 à 500 mesures de bois. La location de la mesure à labour etait de 12 livres environ.

On a vu pendant long-temps quelques vestiges du château de la Montoire. Une idée généralement répandue voulait que dans ses ruines était recélé un trésor qu'on évaluait à une tonne d'or. Il y a une vingtaine d'années, un malin berger d'Ostove tenta de persuader à un monsieur crédule de son endroit que, moyennant 25 louis et à l'aide du *Grand-Albert*, il parviendrait à lui découvrir ce trésor si désiré. Mais il résulta pour celui qui cherchait ainsi la pierre philosophale, au jour convenu, un charivari si formidable, que les échos même de la capitale du Brédenarde en retentirent bruyamment.

Un souterrain communiquait, selon les bruits populaires, du château de la Montoire au château de Tournehem, ainsi qu'à Ardres, mais tout fait croire que ce n'était qu'une supposition imaginaire. Cependant dans les fouilles qu'y fait pratiquer encore Mme de Gomer, on a rencontré plusieurs appartements, des galeries d'une belle construction, des arceaux à ogives parfaitement conservés, des gonds encore intacts et scellés aux endroits où étaient autrefois les portes, et enfin un escalier dont la direction apparente vers le fonds des fossés, mettra peut-être un jour sur les traces de ce souterrain si renommé.

Il y avait jadis à Zudquerque, dit-on, une maison de Templiers. — On croit aussi qu'il se trouve encore dans ce village des objets d'antiquité précieux. — Le fameux marché hebdomadaire de cette commune avait été transféré à Audruicq dès la fin du douzième siècle. — Le 14 février 1770, on établit à Zudquerque une taxe capitaire pour l'extinction de la mendicité.

La paroisse est sous le vocable de saint Martin. Elle fut vendue et dilapidée pendant la terreur. La tour paraît bien avoir quatre siècles. — Le temple, restauré par la piété des fidèles, est à une nef, mais spacieux et bien tenu, sans offrir rien de somptueux. — La chaire de vérité, d'une sculpture élégante et hardie, provient de l'église de Saint-Sépulcre, à Saint-Omer. Vous pouvez remarquer dans celle de Zudquerque une statue de la vierge, noblement sculptée, un chemin de la croix assez bien peint, et quelques tableaux qui ne sont pas au-dessous du médiocre, surtout celui de Notre-Dame prête à s'élever aux cieux. A notre avis, cette œuvre est fort supérieure au saint Sebastien d'Audruicq, qui ressemble un peu trop à un Hercule sortant du bain aux rayons du soleil, tandis que le saint Blaise, peut-être en lambeaux, gît dans la poudre derrière le maître-autel. De nouveaux travaux se préparent pour l'embellissement de l'église de Zudquerque; il lui manque des boiseries, ornement presqu'indispensable. Déjà le desservant y a fait généreusement la dépense de mille écus au moins. — Il s'y trouve un baptistère du douzième siècle. — L'orgue, mesquin comme celui d'Audruicq, provient aussi, dit-on, de l'église de St.-Sépulcre. — Le portique de l'édifice réédifié porte la date de 1807. — On aperçoit dans le cimetière la tombe de Charlotte de Lauretan, baronne de Draken de Theuven, décédée le 19 janvier 1823, à l'âge de 75 ans. Cette dame a laissé une mémoire célèbre dans le canton d'Audruicq. Pendant la révolution, elle l'avait purgée de *loups*, dix lieues à la ronde, tandis que les patriotes pillaient son château. Elle ne se donna aucun repos qu'elle n'eut entièrement purgé la forêt d'Eperlecques de ces bêtes féroces. Tout n'était pas détruit.... En 1809 et en 1813, cette grande louvetière du Pas-de-Calais fit encore des battues salutaires à Ablain-Saint-Nazaire, ancien séjour de sa famille, originaire du Limbourg, et dans les environs d'Hesdin. — « La tête » nue, l'épieu au poing, Madame de Draken descendait du » côteau voisin, suivie d'une foule de chasseurs et de chiens » qui, l'œil en feu, la gueule ensanglantée, accompagnaient » leur butin. Le paysan effrayé faisait haie au cortège, et » les jeunes filles ne regardaient qu'en tremblant cette » femme aux habitudes viriles, sur les lèvres de qui l'on » voyait le sourire quand le garde-chasse, à la livrée verte, » jetait sept louveteaux sur les corps entassés du loup et » de la louve qui les avaient nourris. » — Naguère les affreux trophées qui décoraient le portail de son château, à Zudquerque, répandaient encore en ce lieu une sorte d'épouvante et pouvaient prédisposer à des visions lugubres; tout y respire aujourd'hui la tranquillité champêtre qui ne sera plus troublée, il faut l'espérer, par des loups d'aucune espèce. Cependant, cet espoir ne se réalise pas encore entièrement, car de temps à autre l'on craint de voir reparaître les animaux carnassiers que la Diane du Brédenarde avait détruits avec tant de succès. — L'ancien château de la dame de Draken est aujourd'hui la propriété de M. d'Artois d'Ypres. — On voit, de l'autre côté du cimetière, une pierre revêtue de caractères fort anciens.

La dame de Draken a fait bâtir une petite chapelle près de l'entrée de la route de Polincove. Elle est dédiée à Notre-Dame-de-Lorrette et l'on y trouve aussi saint Antoine de Padoue. — Un autre monument de ce genre, élevé par la piété de la famille Bouret, est en quelque sorte attenante à la belle habitation du chevalier de Lauretan, ancien colonel d'infanterie, officier de la Légion-d'Honneur, occupée autrefois par M. de Saint-Amour. Jadis, il y avait des chapelains attachés à ces petits oratoires. En 1692, Jean-François Maraire, prêtre, figurait à la desserte de la chapellenie d'Audruicq. Le pasteur de Zudquerque, en exercice depuis le mois de mars 1837, est un ecclésiastique d'un mérite peu commun et animé de sentiments vraiment philanthropiques. — En 1839, il distribua aux élèves de l'école primaire des récompenses propres à stimuler efficacement leur émulation. Dans le rude hiver de 1840 à 1841, on le cita pour sa bienfaisance extraordinaire et digne des plus grands éloges. — Souvent il r'habille les enfants des indigents.

M. Duriez, curé-doyen de Notre-Dame de Saint-Omer, dont nous avons loué le discours de réception au n.º 275 (16 février 1833) de la Feuille de Saint-Omer, est né à Zudquerque en 1799.

L'abbé Delcroix, curé de Saint-Joseph à Boulogne, est également né à Zudquerque. — C'est aussi le lieu natal de Jules Saint-Amour, né le 3 juin 1800, écrivain plein d'avenir, connu avantageusement par une foule d'articles savants sur la géographie et l'histoire naturelle, tant dans le *Dictionnaire de la Conversation* que dans plusieurs autres recueils estimés, et par diverses notices chronologiques et de nécrologie sur les plus renommés de ses compatriotes, tels qu'Allent, Daunou, Parent-Réal..... et ensuite sur le *nouveau Paré*, le baron Larrey. Cet auteur est encore distingué par son dévoûment généreux et éclairé, et sa complaisance inépuisable envers les habitants de la ville de Saint-Omer.

Le canton d'Audruicq se rappelle toujours avec reconnaissance le talent conciliateur, le zèle actif, l'intégrité et la bienfaisance du juge-de-paix de ce nom.

Sont encore de Zudquerque, MM. Hénoc, instituteur à Calais, auteur de plusieurs ouvrages scientifiques, et Leverd, instituteur à Aire.

La superficie de la commune de Zudquerque est de 1588 hectares. — En 1807, sa population était de 1765 habitants et l'on y comptait 289 maisons. — Il s'y trouve maintenant 310 feux et 1814 âmes. — Il y a quelques années, l'on y voyait encore en plein champ l'octogénaire Hanoc, une charrue à la main. — Les électeurs municipaux s'élèvent à 140. — Electeurs pour le député, 22.

La kermesse a lieu le troisième dimanche de septembre.

Le maire est M. Martin; le desservant M. Oroin.

FIN.

www.ingramcontent.com/pod-product-compliance
Lightning Source LLC
LaVergne TN
LVHW020952090426
835512LV00009B/1863